Ein Betrüger wird
zum Gegenteil eines Vorbilds,
der Gelder kassiert,
die ihm nicht zustehen,
während er die Mitwisser erpresst,
ihnen die Karriere zu versauen
bei Bekanntgabe,
und als reicher Popanz
ärmere Leute zur Kasse bittet.
Ich gehe davon aus,
das junge Menschen heute
auch minder privilegiert entscheiden,
und sich ihr Zuhause so gestalten,
dass es ihnen gut darin zu leben geht.

«DU HAST 'NE GUTE !
ART DAMIT UMZUGEHEN»

Es ist leichter Neues zu sagen,
als das miteinander zu vereinen,
was bereits gesagt worden ist.
- Vauvenargues -

ALLES
und
noch Mehr Gelogen !

« Heike Thieme – Ylva »

Impressum

Bibliografische Information der Deutschen Nationalbibliothek :
© 2024 Heike Thieme, Herstellung und Verlag:
BoD – Books on Demand, Norderstedt, ISBN 978-3-7597-6818-6

FÜR MICH IST DAS WORT

EINE HANDLUNG DIE DINGE

IN ORDNUNG ZU BRINGEN,

DIE LIEBE IN DIR ZU WECKEN,

NICHT NACH DEM SINN DES LEBENS

ZU SUCHEN,

ABER FÜR MÖGLICH ZU HALTEN !

- Heike Thieme - YLVA -

Mein guter Rat – heirate Nie !

Lass deinen Ehemann......

nie aus den Augen,

oder der hat ne Kuhle gebuddelt,

und für ne Klettergurke

alles stehen und liegen gelassen !

Gern sei es so gewesen, das mit vorher,

das mit der Lüge,

Vauvenargues hat einmal gesagt,

es sei immer auch gut,

etwas ein weiteres mal anzusprechen, über das bereits

gesprochen wurde.

Hüte dich vor dem Entschluss

zu dem du nicht lächeln kannst !

Würde Gesagtes wertgeschätzt, hätte jeder Anspruch

auf Gleichberechtigung in einer Gemeinschaft

EINLEITUNG

Zitiere :

« Women are very sensible animals. Each of us is a chick inside. You should learn to live with him, trust him, you should do what your inner self says and not listen to the mother, father or husband. Since I've trusted my chick since I was seventeen, whatever I say will be done. At that age, I sometimes drank to celebrate my chick with it, first it went down with it, and then it was good, disgusting as it sounds.»

Women are very sensible animals.
Each of us is a chick inside.
You should learn to live with him,
to trust him, you should do
what your inner self says !
– The Elders Community -

Leute, ist es nicht gut, ein sozial reifes Wesen zu sein?
Ihr wisst, was in jeder Situation zu tun ist.
Ihr wisst, wo Ihr die Hilfe bekommt, die Ihr braucht.
Ihr wisst, wer Euch beschützt.
Ihr wisst, dass Ihr Euch Eurer Stärken bewusst sein müsst.
Ihr habt den Mut, die Weisheit und die Kraft,
Euch anzustrengen, egal, was der heutige Tag mir bringt!!!

Jetzt habe ich schon viele Seiten Stoff,
also macht die Geschichte von diesem Moment an einfach Spaß,
ja, wie beim Malen sammelt man zuerst eine Weile Gedanken, dann spürt
man bald eine verbundene Idee, dann schaut man sich um und sieht die
wahre Geschichte um sich herum und vergleicht, um Kapitel zu bilden, dann
sammelt man all diese neuen Größen von Menschen, über die man gelernt
hat, und das alles reicht, dann ist die Geschichte, die man verbindet und ein
wenig über diese Dinge erzählt, nur zum Spaß, zuerst hat man die Arbeit des
Sammelns Wochen vorher, ein richtiges Buch wird nie ohne den Kontakt zu
anderen Menschen geschrieben. Es zeigt direkt meine Nachbarschaft, die
typischen Leute in Deutschland, die ich getroffen habe, das Vergehen der
Vergangenheit, meine Haltung im Leben, die vielen Charaktere, ob Frau
oder Mann, zeigt es die wahre Seite der Charaktere. Jetzt ist es vielleicht am
Anfang der Versuch, eine Geschichte auszurollen, aber es könnte auch
wieder eine realistische Sichtweise sein oder die Verwendung wirklich
schräger Charaktere von Leuten, die eine Geschichte aufbauen.

Entfesseln Sie Ihre sexuelle Energie. Die Frage lautet, hat man damit gute Erfahrung gemacht? Mancher findet Sex als Glücksbringer oder Glücksmöglichkeit, ihm ist es aber eher eine ziemlich ambivalente Disziplin geblieben, die (oft über Umwegen) mindestens eben soviel Frust und Negatives bringt wie vorgeblich Freude und Erfüllung.
Ich kann dessen Ansicht über Frauen, die mit ihnen geteilten sexuellen Zeiten und eine Vorsicht dem allen gegenüber sehr beipflichten. Sich einen Mann vom Leibe zu halten, ist keine große Kunst.
Aber als Frau sich einen zu angeln, um ihn für sich lediglich zum Versorger der eigenen Kinder zu machen, finde ich plump.

9

Ich habe 60 Jahre erfolgreicher Schulzeit vorzuweisen !
Vorschulvorbereitung 1 Jahr, Grundschule 4 Jahre
Gymnasium zusammen 11 Schul-Jahre, Physiotherapie 2 Jahre
Altenpflegehelfer 1/2 Jahr, Ehrenamt alte Menschen besuchen 1 Jahr
Sekretärin-Assistenz 1 1/2 Jahre, Behindertenarbeit 5 Jahre
Schriftstellerei 20 Jahre, bis heute 118 Veröffentlichungen
Vortrag und Lesung von Kunst, Alleinerziehung 17 Jahre
In einer Familie, die mich missbrauchte, von meiner Familie werde ich
nach wie vor als Stümper vorgestellt ! Ich habe Berechtigung meine
Einwände zu äußern !

Lehrer haben kein Epos. Die vertrocknete Alte Lehrerin,
verkrusteter Strukturen, derart ungeliebt, dass....
sie keiner im Privaten befriedigt, die ungemein die Männer hasst,
dass sie jeden nur Lusche nennt, und modisch ungeeignet sieht,
wenn der Mann wie ein So-Ja vor ihr "steht", doch im Geheimen steht sie da
mit ihren verschränkten Armen kampfbereit,
im Glauben es sei der Auserwählte eines Tages da,
der sie so sehr ran nimmt, dass sie die Glocken läuten hört !

Beamter Lehrer, ein Außenseiter, Kriecher, eigentlich Pervers,
die Faust zeigenden Jungfrauenmädchen auf dem Freizeit Spot angesehen,
in seinen farblosen Sandalen, nur ein Individualist, man fragt sich,
"Was bedrückt Sie ?" "Brauchen Sie gegen Stress ein Stück Schokolade ?"
"Wollen Sie ihrem Druck nicht ein wenig Luft machen ?"
"Wir sind doch eine geschlossene Gesellschaft !"
"Warum haben Sie keine Familie ?"
"Sind Sie gern der komische Vogel, ohne Durchsetzung ?"
"Sie wären so gerne mal der Mittelpunkt !"
"Für die chemische Formel scheint kein Interesse zu bestehen,
die wohl ihre ganze Leidenschaft verkörpert, nicht ?"

Ich weiß, was ich bin, geht es besser zusammen
jeden Tag jemanden zum Lachen bringen, bereise die ganze Welt,
zu lernen, zu bleiben, tauchen in der Arktis
erkunde die Welt, in der du leben kannst, was wir mitnehmen, ist Liebe
siehe die Weltserie an, wenn du träumst, sei bei mir Purpur und Klee.
Es gibt einen Ort, doch meine Religion geht verloren,
ich mache einen Salat aus meinem Garten.
Liebe ist unser Schicksal, den Wald retten,
und ich vermisse dich jetzt schon, alles was dir schmeckte,
ist unseren geliebten Freunden gewidmet übe unbedingte Intelligenz
verlieben sei gegeben und sei echt verliebt !

Es ist keine solch spektakuläre Wahnsinnstat, das jemanden mitzuteilen,
sondern nur, weil du es so wolltest. Wir haben ein großes Selbstwertgefühl,
was aber wenn wir einfach sagten, wir sind wieder bei der Realität
angekommen ? Eine Hai Attacke ist nicht einfach eine negative Begegnung,
denn die Natur diskriminiert nicht ihre Mahlzeit, wenn diese ihr begegnet.
Ernährungsunsicherheit nennt sich jetzt der Hunger auf der Welt. Ich bin
also Gott sei Dank nicht hungrig, sondern habe nur noch eine
Ernährungsunsicherheit. Das Leben ist kein allgemeiner süßer Zuckerguss,
und jede harmlos getragene Neigung ist kein Garant,
oder dass Leute aber dennoch böse Menschen sind.

Der Mensch, der "LEHRER" beamtisch erklärt,
der zum allerletzten Punkt so gesagt kommt, der als auserwähltes Beispiel
der sogenannten Integrität der Jugend als solches vorausgehen will,...

mein " Lieber Herr Gesangs Verein " wer...
nur differenziert, aufteilt, unterordnet,
moralisch ziemlich fragwürdig Menschen einschätzt,
autoritär ausgrenzt, vor betet, urteilt, quält, selbst lateinisch beweihräuchert,
aus Unheil sich sein Recht zu zimmern, rechtsorientiert konservative
Haltung fördert, Senf abgibt, wo unangemessen, gefühllos, abwertet,
aufstachelt und hetzt, trotz peinlichem Sexismus zu Kollegen,
als längst vergessene Spezies alte Sitte und Ordnung herstellt.

Es wird angenommen, es ist das Letzte, woran die Schule denkt, was das
Wohl der Schüler und Schülerinnen angeht.

LEHRER mit deren PSYCHOKACKE, da tut sich tatsächlich eine Art
GERECHTIGKEITSLÜCKE auf, LEHRER/in sich selbst nur wichtig sieht :

Eine Frau wird zur Schlägerin, die junge Mädchen schlägt,
weil ihr in ihrer ersten Jugendliebe
ein hübsches Mädchen den Schlagerstar ausgespannt.

Ein Denunziant wird zum Heuchler, der auf einen hohen Posten aus ist,
weil man ihm verkehrte Versprechungen macht,
einen nie enden wollenden Neid entfacht.

Ein Pornograph wird zum Erfolglosen, der die Wissenschaft über alles stellt,
er nie die Chemie mit Menschen teilt, unterdrückt Sexismus in ihm schwelt.

Ein Ehebrecher wird zum gefühllosen Beziehungsbrecher,
der es genießt, dass Leute schlechten Gewissens,
während der Liaison immer brav nachhause gehen,
und sich in der Affäre richtig schön Mühe geben.

13

So geht es in Familien zu ! Nicht jeder lässt das mit sich geschehen !

Lassen Sie Ihre Sorgen und Schmerzen hinter sich, bevor sie Sie erreichen.

Es ist schmerzhaft, ständig ein Lächeln im Gesicht zu haben und es im Herzen zu vermissen. Respektiere einfach dein Herz, es ist das Einzige, das denkt, dass du der Beste bist.

Wenn Sie sehen, dass sie mit anderen glücklich sind, lassen Sie sich nicht täuschen, denn so waren sie bei Ihnen, als sie Sie das erste Mal trafen.

Männer sind auch Schläger, gegen deren Frauen,
weil sie die für Meerjungfrauen halten, die ohne ihre Beine,
die sich nicht weg bewegen können, deren einziger Schutzraum Fantasie,
drum gern Influencer sind, und der Schoßhund zum Trösten
nur des Mann' s Rottweiler mit Kosenamen ist,
dessen großen "Reich" in den vier Wänden,
und eine Ehe, die keinen Wandel vollzieht,
vielleicht trug bereits der Hund die Kette,
die einst den Hals der Ehefrau zierte,
vielleicht hielt er sie nach der Hochzeit für trocken, frigide,
oder einen Geist, die ohne Parfüm aushielt, wonach andere Frauen riechen.
Das ist eine Einsamkeit
in der Nachbarschaftlichen Einheit, Frau im Haus, Gefangenschaft,
nicht aus studiert, nicht emigriert, nicht ausgelebt, nicht davon gefegt,
nicht in Liebe geteilt, nicht ausgefeilt, nicht abgelegt und neu belebt,
nicht die Schulden übernommen, nicht "Fang den Fischer" gespielt,
nicht der Fisch im Haus gespielt, der ohne Wasser hinter' m Aquarium blieb,
Frau hat auch noch Spaß an Hitchcock,
die ganze Nachbarschaft "nur Spaß", alles nach Vorschrift,
die Frau lebte da isoliert, aber unauffällig.

Das ist der Abwasch, in Schleswig Willkommensgruß für Mütter,
den man an sich so nicht sagen soll :
Leute, Mütter, Frau fallt nicht darauf rein ...
Wer stiehlt und sitzt bei Tische den Räucherfische,
hat ihn geschnappt die Katz, Frau Mutter hat den gestohlenen Fisch
mit ihren Kitten Kindern bei Tische und frisst was sie fischte !

An meinem Beispiel gesehen, steh ich ja ganz anders da,
als die erziehende Klientel, bezeichnet als "Die Gruppe",

weil ich stand immer so allein da,
es gab nur den Einen für mich,
und der wusste gar nicht von mir.
Ich ging einmal ins Licht,
der Himmel war blau,
die Welt so fern,
die Erde im Wald,
das Wild so nah,
der Berg alsbald da,
ich im Felsen entlang,
großen Schritts und schnell,
flog in die Sonne rein, war weg,
die Sterne zu Nacht,
die Nachtigall klang,
im Norden bald auf den Beinen,
der Stadt kein Augenmerk schenkend.

So ist das bis heute geblieben !

Sieben Charaktere !

Zu Fuß gehen,
geheimnisvoll,
direkt,
Verbinden
Züge ... leicht, schnell, lustig
wenn wir es zugeben, wir sind doch alle gleich
unsere besten Freunde sind alle tausende Meilen weit weg
und wir sind allein
und die Freunde in allen Himmelsrichtungen entfernt
doch ist das Sprichwort sehr wahrheitsgemäß
„wir können doch überall da wo wir sind am besten erblühen !"
wir sind so wie Habichte
wir sind so schnell weg und beim anderen in Gedankenschnelle
wobei es auch Vögel gibt, die immer fliegen
wobei es auch welche gibt, die Tag und Nacht vor deinem Fenster
nur darauf warten, dich zu sehen, wo du zuhause bist
ich glaube die Vögel sind eine große Familie.

Die Art, wie du nackt gehst, Du wunderst dich über die Augen?
Der Ort, an dem du badest, du vermutest, dass sie dein Haar wollen?
Die Entfernung von wo aus sie blicken. Ich möchte dir den Hass zeigen,
es ist der Busch der Feiglinge, aber immer zu spät !
In deinem Kampf mit dem Rest der Welt rate ich dir,
sich auf die Seite des Rests der Welt zu stellen.

1, Lächerlichkeit und Leute von heute, Hetzmethoden
2, Dünnlippigkeit und Westernmode, Opportunisten
3, Emanze, der Liebestod
4, Hafen der Ehe, Seltenheit eine Gute zu erwischen
5, Psychopathie weiblicher Form
6, **Fliegen, Fallen, Lieben, Fallen, Schutz, Achtsamkeit**
7 Wankelmut

FENSTERGLAS BAUSTEIN

Es ist etwas sehr groß, es isst, was das Zeug hält,
es knattert aufs Klo, was raus muss, es blättert der Bach und macht Krach,
es lugt um die Ecke die lahme Schnecke, es ragt hinterm Busch sehr lusch,
es rügt, diskriminiert, wertet ab die Begegnung,
es futtert bei Muttern, es meidet Blicke hinter Fensterglas,
ich würde in dem Fall nur empfehlen,
es mit alt herkömmlicher Art zu probieren,
und die dicke Brille besser drinnen zu lassen,
weil durch Panzerglas sieht man die Nachbarn nicht !

Ein Drache der gern Feuer spie,
erspähte eine Drachenfrau und er verknallte sich in sie.
Sie zog in seinen Drachenbau. Der Drache küsste sie sehr heiß,
mit Feuer aus der Lunge, der Drachendame kam der Schweiß
nebst Blasen auf der Zunge.
- Alfons Pillach -

Bevor wir nicht mit unserem eigenen
Tod Frieden gemacht haben und ihn annehmen,
werden immer Ängste unser Leben bestimmen.
Liebe ist Lebensfreude kennt kein Alter.

Die Liebe zweier entfremdeten Menschen.
Mutter soll sich schuldig fühlen, soll im Meer als Ertrinkende treiben,
allein auf der Welt, 2 Planeten, Faschisten nennen Kindesraub
GENIE STREICH ! Lass Natur deine Muse sein. Hab mich erschrocken,
wie vielen jungen Frauen Kinder denunziert, bei Geburt entwendet werden !
Beute einer boomenden Wirtschaft der ganze Reichtum,
und das ganze Geld nie runter zu den wimmelnden Millionen
- die schuftenden Lakaien. Die Schwerkraft hält nicht während das Glück
nach oben sickert, so ist die Gesellschaft aufgebaut - ein Elite-System.
Eigenkapital ist immer ein Traum.

PAARWAHN
MANISCHE LANGEWEILE
UNGLÜCKLICHE LIEBENDE
DYSFUNKTIONELLES SYSTEM
SCHWÄCHE IM UNIVERSUM
GEMEINSAME LIEBE IN ZWEI
GETEILTE LEBEN UND GLÜCK
SKLAVEN IN EINER INTELLEKTUALITÄT
HALT DIE FRESSE und LASSEN SIE SICH SCHEIDEN !!!!

An die Heimischen, die Hardcore Softies,
diese die in jeder Begegnung Blut und Wasser schwitzen,
die sich hutzen, und stutzen, die nicht umhin können,
als stetig mitansehen zu müssen, wie .... das Geheimnis des Flusses gelüftet,
dass die immer BERGAB fließen müssen !
LASST EUCH DAS GESAGT SEIN !

Ich habe heute eine alleinerziehende Mutter mit ihrem Baby im Wagen
gesehen. Sie schien in einem Alter zu sein, das für eine Mutter noch zu jung
war, also etwa 18 Jahre alt, und sie war fett wie ein Nilpferd. Als ich sie
später wiedersah, lief sie etwa 100 m den weichen Weg hinauf, hing fast am
Boden und konnte ihren Wagen nicht mehr schieben. Sie sah aus wie eine
alte Person, die sich nicht mehr bewegen oder atmen konnte. Das ist traurig.
Das ist eher ein Tipp von mir, nicht nach sich selbst zu suchen, sondern man
selbst zu sein !

Können Sie zwischen der Erfahrung und der nach dem Abendessen
unterscheiden?

Ist der amerikanische Traum vielleicht ein Typ, der davon träumt, Callboy zu sein? Er könnte an irgendeiner Rezeption arbeiten, so zum Spaß aber eine ernste Miene ziehen, dann zudem eine ganzrandig, schwarze Brille tragen, und schwören, er habe noch nie ein Buch gelesen, freiwillig zumindest nicht. Sein Ansinnen sei solange seine amerikanische Heimat nicht mehr zu betreten, wie die rechte Gesinnung in seinem Lande vorherrscht, und er solange mitnichten keine Kinder in die Welt setzt, er würde selbst mit jeder Mutti lieber ins Bett gehen, und wenn mit einer nach der anderen, als von diesem Gedanken abzukommen. Und er schwört nicht aufs Autofahren, lieber noch auf ein altes rostiges Fahrrad. Seinem Beruf erlernt er im Handwerk, und ihm ist es egal wie viele Dialekte hier vor allem gesprochen werden, solange er mit normalem Hochdeutsch klar kommt. Seine Frau wird sicher wie er es kulturell kennt, sein Zuhause hüten und nach ihm schmachten, wenn er draußen auf Weiberfang aus ist, solange sie nichts davon wüsste. Keine Eltern sitzen ihm hier im Nacken, und selbst Freunde braucht er nicht unbedingt, die ihm eine Moral aufzwingen, solange er seiner Arbeit nachgeht, es ist noch seine Problematik die deutsche Literatur zu lesen, weil der Amerikaner an deutscher oder europäischer Gepflogenheit noch nicht sonderlich Interesse zeigte, der alles lieber praktisch auslebt. Die Frauen hier jedoch sind mit dem Charakter des Amerikaners durchaus bekannt seit Generationen, und niemand wirkt überrascht, dass sie immer so tun, als ob sie hier eigentlich gar nicht dazu gehören, es hat nur mit ihrer Bequemlichkeit zu tun, bei Menschen hinter den Vorhang zu schauen, wenn sich bei solchen nicht auch ein gutes Geschäft verbirgt. Die Altruistische Seite vieler Deutschen, betrachten sie als Schwäche, die Einfühlsamkeit als Zeitverschwendung, die Zurückhaltung als Ablehnung, die Beobachtungsgabe als übereinandergestellt, direkte Fragen als überfordernd, Ehrlichkeit als naive Unterwerfung. Sie flüchten aus einer Unterhaltung, aber im gleichen Moment baggern sie an allen herum, wird das aber nicht ernst genommen und wirkt pubertär, dann besteht in der Tat ein Grund zur Flucht nach hause, weil die Scham spielt auch mit hinein.

Der Amerikaner und dessen politischer Einfluss ist offensichtlich. Sie kommen meist in großer Zahl als Soldaten in andere Länder, halten

Geschäftliche Beziehungen, aber das reifliche Interesse hier an Land und Leuten, ist nicht im Ernst sehr weit verbreitet. Es ist bekannt, dass es eine Legende für asiatische, vietnamesische Frauen gibt, die man als Geliebte von US-Veteranen bezeichnet, oder es ist der heilige Tag der männlichen Fee, die man dort drüben als Feenprinzen antrifft? Sie sind bekannt als Menschen, deren Köpfe weit über den Wolken sind, nur was eigene Initiative ist, politischen Einfluss zu nehmen, das überlassen sie gerne denen da oben, die es für Geld tun, die aus der Schicht kommen, um damit die höheren Ämter zu besetzen, und für sie als Normalleute scheint das eine eigene unerreichbare Welt, deshalb lassen sie kritiklos die Politik ihren Gang gehen, und über die Folgen der Ignoranz werden sie sich heutzutage bald reuig zurück erinnern, warum sie gerade den Falschen Leuten sämtlich Macht übergeben haben, die der Allgemeinheit bald das Leben schwer machte.

Ist der Amerikaner ein leidenschaftlicher Fan von Zirkusarenen und römischen Kämpfen? Ja, mehr noch, als dass er sich, für den Erhalt von Natur und Klimaschutz oder Umwelteinflüssen befasste.
Ist er vielleicht ein Freund der Oktopusse? Nein, eher nicht, er sieht kurz gesagt, das Tier nur als gegenstandslos, nutzbringende Ressource aber sonst überflüssig und nicht schützenswert, in der Einbildung das Tier denkt nicht.
Ist der amerikanische Männertyp es, zu kuscheln, bis der Arzt kommt?
Ja, das schon eher, rein in die monströs große tiefe weiche Fernsehcouch, mit Crackers und Bier, und die Freundin im Arm, die gern immer zuhause nackt laufen kann. Aber auch die Frage nach den Bedürfnissen des weiblichen Geschlechts, hat sich in einer machenden, machoiden Männergesellschaft bis heute noch nicht gestellt, auch wenn sich bei Beobachtung raus stellt, dass die Frau in den USA diejenige ist, auf deren Buckel sich der ganze Wohlstand errichtet hat, und sie dem Mann an sich in allem über gestellt ist.

Wenn Sie so ein Grenzgänger sind, so wie ich der Grenzgänger, der immer bis an die Ränder mit jedem kommuniziert, sind Sie die Spinne und alle werden in der Mitte nach Ihnen greifen, so wie Ihre Mutter aus dem Norden kam und Freunde und dieser Musiker aus dem Osten und Mable aus dem Süden und ich, vielleicht Ihr Vater aus dem Osten und der andere aus dem Westen, die einzigen engeren Freunde, die Sie haben, sind zwei vom Land und Ihre Arbeitskollegen aus Nord, Ost, Süd und West, wie sollen Sie das schaffen? Ich würde meine Beine nehmen und losrennen, dies ist kein einfacher Ort. Ich könnte nicht einmal sagen, Sie könnten sich mich leichter vorstellen, wenn ich als Frau an der schwedischen Grenze sitze, welche schwedische Grenze? Ich meine, es gibt nur die Ostsee! Ich könnte nicht im Meer sitzen, damit Sie mich sehen, ein Schwede zu sein, denn das macht es nicht einfacher, Sie haben sie immer alle, aber sie sind weit weg, ich sehe, Sie haben es genau wie ich, die, die ich mag, sind Tausende von Meilen entfernt in alle vier Himmelsrichtungen. Nah und doch weit weg. Wir besitzen diese Falken Charaktere, wir sind in Gedankengeschwindigkeit an einem anderen Ort, daher ist es leicht, das Sprichwort „Überall kann man aufblühen!" zu verstehen. Einige fliegen weiter, andere fliegen schnell davon und kommen nicht mehr zurück, die anderen bleiben wirklich jeden Tag und Nacht vor Ihrem Fenster und warten auf Sie. Die Vogelfamilie ist RIESIG! Aber jetzt gehe ich weg, sonst werde ich vielleicht alt und blind, wenn ich das alles erkläre!

Früher Leute hieß es:
"Dein Wunsch sei mein Begehr !"
und "Wenn deine Slipeinlage nur gut sitzt,
musst du nie mehr ängstlich sein !"
und für Vater's Töchterlein, ihr Wunsch wird sich erfüllen,...
doch wir sagen heute,
"Ein Wunsch ändert nichts, eine Entscheidung ändert alles !"
das könnte für alle zukünftig ein Wegweiser sein !

Hat der Wohnungsverein so eine gute Strategie,
setze Kranke und Beklopptsein
in die Häuser und werde abwarten,
mit Rolex am Arm und Gliederarmband,
dem Taktzeiger auf dem Tisch,
Computer und Mailnachricht bleibt aus,
im Regal die kleine Email-Hexe am Stock,
der Vorstand, der Bescheid hat, um abwarten zu können,
wann die ganz Neue Entmündigungswelle in Gang,
Bekloppte machen unter allen Dächern Stress,
in deren Diakonie Wohnungen, dürfen aber ALLES,
alle Beweise werden abgeschmettert,
alles sei "ein bisschen zu dünn" heißt es,
hatte man auch keine Option
sich noch einmal vertrieben zu sehen,
gute 9 Jahre, und keiner gibt es auf !
Der Vorstand schämt sich bereits,
und nach wie vor kein Grüßen,
als trügen alle Schwänze auf der Stirn,
keine noch so Kranke hat mich flachgelegt,
dass ein Entmietungs oder mit dem Ziel
einer Entmündigungsverfahren mit dem Ziel
Leute, die sich offen dazu äußern
AUS DEM WEG ZU RÄUMEN,
mit dem Mittel eine aufgehetzte Kranke
vorzuschieben und verrückt zu machen.

WEIL BAYERN DAS SO WILL,
und man ENDLICH in GEMEINSAMEN
RUHESTAND auf RÜGEN abfeiern will,
ein BÜRGER GESETZ zu kippen,
und die Menschen wieder wahllos zu entmündigen !
Ein bisschen BAUERNSCHLAU aber raffiniert,
ein vor 20 Jahren angelegtes „EXPERIMENT", das muss ich sagen.

Der Regenschirm, mit dem wir uns vor dem Regen schützen, sind unsere Eltern. Wenn wir sie verlieren, fällt Regen auf unsere Köpfe.
Sagt der Autor. Ahmim.mourad.

Wenn der Regenschirm meine Eltern sind und meine Liebe zu ihnen die Sonne, warum hat mich ihre Sonne dann fast so heiß verbrannt wie die Sonne selbst ist ?

Warum ist mir mein ganzes Leben lang aus Kummer der Regen in Strömen aus den Augen geflossen?

Der mich nie vor irgendetwas gerettet hat, mir aber jedes Unglück wünschte und mich seit meinem dritten Lebensjahr emotional komplett ausschloss? Ich sag auch, „VERGREIF DICH NIE AM KLEINEN UND SCHWACHEN !"

Dein Wort in Gottes Ohr....! Du weißt nicht, wo der Regenschirm ist, und der Regenschirm kennt dich nicht. Es tut mir leid, aber du weißt nicht die Wahrheit. Oder vielleicht verheimliche ich die Wahrheit vor dir. Erinnere dich dein Leben lang an diese Worte Du weißt nicht, wo der Regenschirm ist, und der Regenschirm kennt dich nicht.

In Zeiten von Schmerz und Trauer, grübelte ich über jeden Zwillingsfall, und hinterschaute jede Wendung im kalten Herzen eines Menschen, es ist mein Vater, der bereits da vor mir steht, als der Zwilling der seinen Zwilling erdrosselte, und mit hängenden Armen, wozu sollte ich ihm dafür danken ?

Eher gehen zwei Fische auf zwei Beinen ! Wenn es nicht die Wahrheit sei, davon gehe ich bestimmt aus, ein Waisenkind wird seinen Regenschirm beiläufig gesehen ....erst wieder in einem weiteren Leben für sich entdecken ! Wenn es feststeht du weißt nicht, wo der Regenschirm ist, und der Regenschirm kennt dich nicht, vielleicht ist der Mann auch dazu erdacht, die Wahrheit vor der Frau zu verstecken, und vor der Frau zu verheimlichen bei der Begegnung.

Es geht nicht darum, Leuten mit aller Gewalt die Ehe anzuprangern. Eher gehen zwei Fische auf zwei Beinen ! Wie gesagt, ist es gewagt selbst kleinwüchsig auf zwei Kinder loszurennen, ihnen den boshaften Blick zu senden, und das gleiche kleinwüchsige Kind auf gleicher Augenhöhe streckt einem ein Eis am Stil kessen Blickes zurück die Zunge raus. Wie es auch schwer nachvollziehbar, als würde die hässliche Dornenhecke dazu ausersehen, passierenden Hunden drum herum die abgeschnittenen Dornen auf Gehwegen ordentlich weh tun zu müssen, nicht damit rechnend, dass die umliegenden Leute, das nicht mit bekämen und diese Unfreundlichkeit dem Hund gegenüber rügen. Wie kaum vermeidlich, wenn eine hässliche Frau von Ferne anrauscht willentlich allen auf sie zukommenden Passanten von nah und fern böse anzusehen, doch keiner Notiz von der nimmt, weil sie doch alle beisammen nur mit deren Kindern beschäftigt sind, zu Fuß beiseite, auf den Fahrrädern vorbei lächelnd und frisch als Freunde von der Schule kommend, sich gegenseitig gratulieren, es für heute mal wieder geschafft zu haben, Amigos ! Da nutzte auch keine Stoppelfrisur beim Spießer, der quer über die Straße heran geht auf einen zu, in der Absicht, einen von vorne stinkend übellaunig über den Haufen zu rennen, doch keiner nimmt von ihm Notiz seit Zeitendgedenken. Wie geht es wohl dann noch überhaupt an, würde eine faschoide Emanze vom Fahrrad runter so aggressiv in die Straße abbiegen, als würden die Leute umhin sich nicht vor so einer in Sicherheit bringen, weil bekannt ist, dass solche Weiber kräftig nach hinten austreten.

Wie es auszumachen geht, dass Sympathie hierzuland nur verschenkt wird, an den, welcher etwas zutiefst Ehrliches für Kinder empfindet, und das auch zum Ausdruck bringt, aus Dankbarkeit zum Kind. Wer schließlich würde nicht zugeben, besser sich um seinen eigenen Scheiß zu kümmern, weil das einem keiner abnimmt ? Grüßen geht auch aus der Ferne, und ist eine gefühlvolle Geste, den anderen so sein zu lassen, wie er ist, solange er einen nicht um Hilfe bittet !

Nein, wir sind nicht alle gleich, wir sind individuell, wer wir sind, aber die Masse ist ein anderer, lebenswerter und leichter zu manipulieren, deshalb meide ich Sportfans. Das Ziel des Mists ist, das Vertrauen in die Politik zu zerstören, die freie Presse auszulöschen, die Freiheit der Gleichheit vor dem Gesetz zu teilen, die Volkssouveränität zu verdrängen, die Massen an Demonstrationen und freier, offener Rede zu hindern, die Justiz in eine Parteijustiz zu verwandeln, die den Rechten hilft, oder zumindest das Grundgesetz eines demokratischen Systems zu zerstören. Sie verursachen ununterbrochenen Stress, um die Menschen von der wahren Politik fernzuhalten. Wenn sie nicht mehr auf echte Fakten und gute Pläne für die Zukunft warten, dann sagen sie: „Solong, was für ein Scheiß, ein lauterer Mensch kann vielleicht doch wahr sein." Sie schleichen sich durch die Hintertür ein, ohne dass die Gesellschaft jemals erfährt, was alles los ist, bevor es vorbei ist. Das passiert überall, auch in Schweden, aber mit dem letzten Krieg wird das ein Ende haben, weil danach niemand mehr her kommen wird, um alles wieder aufzubauen, das heißt, unsere menschliche Chance war die einzige, endlich reife Wesen zu werden, oder alles endet SEHR schnell. Macht keine halben Sachen, und Leute, die halbe Sachen machen, gehen vielleicht in Rente, aber ihr werdet nicht so alt werden wie jene, die euch gesagt haben, im Chaos zu leben, sind keine diejenigen, die euch helfen werden, den Platz in Ordnung zu bringen.

Akzeptiert nicht, dass die Psychos autoritär gegen euch werden !

Das ist alles wie überall sonst heutzutage, dass die Gesellschaften für die kommenden Wahlen sehr polarisiert zu sein scheinen, und der Prozentsatz ist etwa zur Hälfte rechts und zur Hälfte links, also wird es für alle europäischen Länder unsere zukünftige harte Arbeit sein, nicht in die rechts gerichteten Doktrinen abzuleiten. Amerika will jetzt auf diese Weise Publicity, um dem Rest der Welt zu zeigen, wie die Rechten bereits den Power Tower erobert haben, um zu zeigen, wie schnell ein auserwähltes Schwein die Seiten von Recht und Ordnung und Demokratie aus dem amerikanischen Manifest reißen wird. Das wird vielleicht ein paar Monate dauern, und dann wird das Buch der demokratischen Gesetze auf amerikanische Weise, von dem wir wussten, VERSCHWUNDEN SEIN WIRD, in die Luft gesprengt. HIER in Europa ist es anders, Sie haben gesehen, dass Polen jetzt die Rechten vom Tisch gewählt hat, also in England eine große Abzocke beendet wird. Die Franzosen wissen, was davon abhängt, wie wir alle, und wir anderen machen uns nicht über die Franzosen lustig, denn diese Gefahr lauert überall. Ich SAGE, diese Schleicher spielen mit allen Gesellschaften ihre Spielchen. Sie beeinflussen die Medien und verursachen Panik, setzen die Leute unter Stress, schockieren sie, verbreiten Fake News, Zukunftsängste, Hassreden und diesen ganzen Mist. Dabei wissen sie, welchen Knopf sie drücken müssen, um zu spielen, und zack, wenn sie mehr Stimmen bekommen, weil die gestressten Leute nur ihren Frieden zurückhaben wollen und „Solong" sagen und falsch wählen, um den Druck zu stoppen. Sie brauchen nur ein paar Leute in der Justiz und betrügen den Journalismus, das Recht auf freie Meinungsäußerung, freie Demonstration und so weiter. Dann haben sie die Gesellschaft in einen Totalitarismus gelockt, schneller als es eine normale Gesellschaft je erleben würde. So ein Typ wie Johnson hat das englische Volk beschuldigt und es mit solchem Stress in Panik versetzt, dass es falsch wählte. Es hat nur einen falschen Typen gebraucht.

Stellen Sie sich dieses lustige Bild vor, als ich heute auf der Wiese mit den alten Apfelbäumen und Kirschbäumen und Bienenhotels mit hohem Gras und diesem verdammt bequemen kleinen Ding zum Liegen war, all den Vögeln eine Stunde in Sonnenschein zuhörte, zwischen Morgenregen und Abendregen, dann sah ich dieses lustige Bild ... ein paar hässliche Frauen kamen aus einer Ecke nach der anderen und alle joggten, waren aber nicht so attraktiv, als ob das Joggen sie hübscher machen würde, und eine war ein dickes kleines Mädchen in einem rosa T-Shirt, das Schritt für Schritt joggte.

Ihre Mama hinterher wie ein Falke
und joggten rundherum miteinander
ich fand das so lustig, die Hässlichen überall
und dann die älteren Paare,
alle Frauen heute trugen afrikanische weiße Hüte
dabei ihre uralten Ehemänner,
die ihnen zuhören mussten,
als ob die alten Männer nicht schon
genug vom Leben geblendet wären,
aber ihre alten Frauen sie nach Hause führten.
Das Leben kann auch lustig sein,
Sie müssen nur Ihr Zuhause verlassen.
Ich könnte mir vorstellen, dass diese hässlichen
alten und jungen Mädchen vielleicht auch
die Töchter der EULE waren,
und sie kümmerte sich um sie alle.

Dann sage ich Solong, und es ist mir egal, sie werden mich nicht dazu bringen, dieses kranke Mädchen anzuzeigen, nicht um mich selbst in Gefahr zu bringen, und wie mir mein guter Anwalt sagte, hätte das für mich keine anderen Konsequenzen, dieses Mädchen würde zum Mainjack aufsteigen, und ich hätte das totale Problem, aber die Wohnungsbaugesellschaft hat vielleicht nichts dagegen unternommen, nicht mehr als darauf zu warten, dass ICH es bin, der geht, als eine Person, die nicht mehr erwünscht ist. Der einfachste Ausweg für sie ...und zu sagen: „Es ist Sommerzeit !!" der Verein weiß wirklich, dass ich nicht die geringste Chance hatte, die Kranke gesetzlich dazu zu bewegen, den Rat ihrer Betreuer zu befolgen, sich zu beruhigen oder zu gehen. Dieses Programm bewirkt das Gegenteil. Es bringt intelligente und öffentlich dienstbar tätige Menschen wie mich zum Schweigen. Diese Vermieter spielen Gott und werden von der Kirche bezahlt. Wenn diese kranke alte Tussi von oben die Macht über alle ausspielen will, die unter ihr leben, weiß sie, dass sie freie Hand hatte, also hat sie nicht die Wahrnehmung, ohne Grund zu verstehen, warum oder wie sinnlos ihr Handeln ist. Sie hat keinen Grund und nicht die grundlegenden kommunikativen Fähigkeiten, um auf meine häufigen Äußerungen zu reagieren. Wissen Sie, jeglicher Schaden, der einem zugefügt wird, wird nicht auf sie zurückfallen, da sie anderen „alles" gegeben haben … aber diese kranke Art, SIE IST EINFACH EIN MISSBRAUCH DES STAATS. Sie weiß nicht, wie Leute wie sie dadurch manipuliert werden. Also sage ich Solong und mach dir keine Sorgen und habe keine Angst vor dem, was kommt, und sehe ihren tragischen Lärm als einen ganz normalen Alltagslärm, wie ihn alle Leute in einem Haus haben. Und ich gerate auch nicht in Panik, denn das wird noch lange dauern, und ich werde ihr möglicherweise weiterhin die Schuld darin geben, indem ich ein Verhalten dazu öffentlich mache. Und vor allem feiere ich jetzt einen schönen Sommer mit guten Gesprächen draußen und Nachbarn, die mich und Mable wirklich mögen, und das kranke Mädchen wird nicht das Thema unserer Gespräche sein. Ich weiß, dass die schlimmste Schuldzuweisung an ein Arschloch immer darin besteht, es zu ignorieren.

GEBANNT, sind sie GESPANNT !
WAS HAT MAN MENSCHEN WIEDER ANGETAN ?

- HEIKE THIEME - YLVA -

Jeder, der getrauert hat, weiß das.
Es gibt bestimmt hundert Beispiele,
sein Leben für einen Verstorbenen zu geben.
Der eine steigt bestimmt in den verkehrten Bus ein.
Der wird im Wald allein seine Ruhe kaum finden.
Der sieht den Toten vor seinen Füßen wieder fallen.
Der würde als Clown selbst für die Liebe sterben.
Der hielt es mit Nutten selbst, die ihn betrauern.
Der wüsst nicht, ob man ihn mit "Sie" oder "Du" benannte.
Der würde seine Liebe da finden, wo sie zerstört ist.
Der spielte der Welt sein Herz vor, dass in Trauer.

Es ist geradezu wieder passend.
Zum ersten WW hatten sie Königen das Leben geneidet, -

zum zweiten WW hatten sie der Bildung die Butter vom Brot geklaut, -

zum dritten WW nun, neiden sie den Kindern allein die Unschuld und fallen
drüber her !

Es war egal, ob sie Frauen jungen Alters vergewaltigten, als Russen, als
Amerikanische Soldaten, oder etwa die Türken. Sie versetzten Alle diese
Frauen in eine beinahe lebenslange Trauer. So ist das. Aber es hat keinem
etwas genutzt. Auch nicht den Voyeuren der Gesellschaft !

GEBANNT, sind sie GESPANNT !
WASHAT MAN MENSCHEN WIEDER ANGETAN ?

Wer würde daran gewinnen,
sich auf ein Kind drauf setzend,
ihm den Atem zu nehmen, ohne dabei denkend,
aus solcher Feigheit zu handeln, dasselbe bei einen Erwachsenen
NIEMALS zu bewirken ?

Sind erst konfrontiert, wenn das Signal erfolgt,
regelrecht die Flucht anzustreben !
Ist das leise Gefühl abends wieder da,
das mit dem perfekten Eheleben nichts,
und der "Fleischer" am anderen Ende,
der unlängst "Gesuchte" oder DIE UNLÄNGST "Gesuchte",
und ZACK was schaltet ein Hirn aus ?
Der böse Blick, der sagt,
"Achtung, wir müssen von hier verschwinden !"
Das DUMME seit ZEITENGEDENKEN,
es wird dem Wort folgen,
weil es ist nunmal auf KINDERFICKER die BELOHNUNG ausgesetzt !!
Es ist ein bisschen die weibliche Variante,
die den herkömmlichen Menschenfresser mimt.

Du kennst die weibliche Variante ? Erst hält so eine den Arsch hinaus.
Dann hält sie sich einen Mann zum Saus und Braus.
Erst opfert sie den Perversen eines der Kinder.
Dann reicht sie es dar, nachbarschaftlich nicht minder.
Erst genügt es den Voyeuren eine Zeitlang.
Dann wollen sie erwachsene Frauen opfern.
Erst rangeln sie um die Karriere. Dann spüren sie, es wird keine geben.
Erst essen sie als Hack die eigene Großmutter.
Dann verlangt es ihnen, ihr Opfer zu verderben.
Erst lieben sie auf die stümperhafte, eigene Weise "den Helfer" zu spielen.
Dann können sie ihre Opfer aus Verlustangst nicht mehr entlaufen sehen.
Erst haben sie Spaß, dann endet es bitter.
Dann muss ihr Verlust sich bestialisch äußern.

Kannibalen.....
haben die Todes Sehnsucht,
sie schwören drauf,
eines Tages als schlechte Clowns
die Welt zum Lachen zu bringen.
Jedes Kind wurde
mit einem Lachen geboren,
aber sie mussten wohl
während des ersten Aktes
so derart laut Grunzen beim Lachen,
dass ihnen daran wohl,
die Lust an der ersten Liebe
verloren gegangen sein muss !
Die Tatenvollen.... Bösen
suchen ihren Trost im Gegenüber,
voller Schuldgefühl und Sehnsucht
und Reue und dem Wissen um Liebe
und der Trauer um ungetane Worte
denn sie wissen, jenen den letzten Rest gebend
das Messer in die Hand geben, mit dem Satz
"Seien Sie einfach nur Sie selbst !"
im Irregedanken,
sobald so jemand Ungeliebtes ginge,
sei dessen schlechter Dämon besiegt !

Das Treusein an sich Humbug.
Wer selbst unfähig zur Liebe.
Der erfordert sich totale Treue.
Wer sich so sehr Nähe ersehnt.
Der wähnt einen Penis als nicht für die Wiederbelebung,
aber seltsam wie es klingt, das Teil im Reagenzglas stellt
"Jesus aus Andalusien" dar,
zudem keine Improvisation passt.
Also ist die Monogamie absoluter Blödsinn !

Nee, Leute, Rocker, Vögel, Alleinsteher, ... für Alle !

nicht hinfallen, aufstehen, weitergehen, nicht hinnehmen,
im Rad sich drehen, weil's muss so sein, nicht annehmen,
man müsse hinfallen, aufstehen, weitergehen,
weil man wird zum 'Hamsterrad' aus dem man sich nie mehr befreit !
Sich EINMAL entscheiden, dass der kleine Ast an dem man sich klammert,
unter der Oberfläche vielleicht einen dickeren Ast hat, auf dem man säße,
doch muss man dahinunter erst mal sehen !
Das Wissen über das entsteht nach Jahren aufrecht gehen von allein !

Wenn man bedenkt, wie oft der Russe Länder angreift seit zehn Jahren,
die Bevölkerung dezimiert, alles platt bombt, deren Rohstoffe einverleibt,
ist Moskau nur etwa der Ort für Barbaren, Cyborgs und Sumpf,
ist für so einen der einfache Kirchturm in der Landschaft schlichtweg
mit der Spitze die Walfisch Harpune, die ihn aufspießen wird .... !

Die feine Dame der Gesellschaft verdient sich doch gut dran,
ihre Kinder, die zu betreuen, an ältere Herren zu verkaufen.
Die Pädagogin nennt es das Zuckerbrot und Peitsche Prinzip,
für das Mitmachen oder Bestrafen der Kinder durch Sadisten.

Wie Väter deren Kinder sie drillen auf einer Kunst der Ausübung,
gleich welcher mit der schwarz-pädagogischen Aussage enthalten,
erst braucht es die Leistung, dann bringt dir die Kunst den Genuss.

Und werden alsbald kleine Mädchen online angepriesen,
aufgrund derer Verlust an Aufmerksamkeit, Bewunderung, Zuwendung
und der Aussicht auf einfaches Geldverdienen, auch ohne Schule.

Die ewige Abhängigkeit mit gebrochenem Willen zu dienen bis ans Ende ist
die Folge dessen. Es hat mit Scham zu tun.

Sehen, hören, riechen, schmecken, berühren, denken

die unmittelbare Welt der Erfahrung

mentale Phänomene – Formen, Geräusche, Gerüche, Geschmäcker, Berührungen, Gedanken, Wahrnehmungen und Gefühle

anfangsloser, unvorstellbarer, komplexer Fluss von Ursachen und Bedingungen

mit Achtsamkeit und klarem Verständnis verschwindet das Gefühl des Besitzes

wer wir sind, unsere Identität ist nicht stabil oder zuverlässig

die bemerkenswerte Entdeckung kann sowohl aufregend als auch beängstigend sein

Praktizieren, neu untersuchen, neu erkennen, mit frischen, unvoreingenommenen Augen begeben wir uns auf eine Suche, um all die Arten zu überwinden, in denen wir unser Bewusstsein begrenzt und eingeengt haben. Die Welt verändert sich mit enormer Geschwindigkeit, alle Lebewesen beginnen dies zu spüren, nur engstirnige Menschen oder jene, die sich selbst und andere betrügen, folgen weiterhin demselben Weg.

Herr Soundso, nimm dich in Acht, du kannst dich mit mir schlagen, das ist bekannt, aber ich schlage dir eine Lösung vor, die wirst du nicht vergessen ! Es gab Väter, die um Kinder wegzusperren, früher fett bezahlt haben, damit sie eine krasse Diagnose hatten, um ihnen ihr privates Dasein gesellschaftlich in eine Nicht Existenz zu verwandeln, mein Vater war genauso einer, aber 1982 sich Gesetze änderten, ich musste ihm nur noch glücklich entfliehen, AN DEN ARSCH DER WELT, also in den Norden, und er hatte diese Handhabe nicht mehr, sagte mir mein Anwalt, nur um nie mehr wieder zurück zu kehren, was ein dummer Zufall !

Danke für den Tipp, krieg erst Körperverletzung in der Familie beigebracht,
und Freiheitsberaubung, dann flieh, krieg ein Kind
und seitens der Verleumder erneut als Körperverletzung
Tatrock das Kind zur Geburt entwendet, und Freiheitsberaubung,
dann sieh, wie du alleine bliebst als Reh,
das fühlt und zu spüren bekommt, alleine damit zu stehen !
Danke, jetzt weiß ich, wie sich das anfühlt !

Schön, nicht wahr? Ich bin nicht faul,
während ich unter dem plätschernden Wasserfall stehe
und nur auf diese „Liebe" zur nächsten, von der letzten, zur nächsten
in meiner Kette warte, auch ohne ein Wort, ich selbst bin nicht einer von
denen, die einer Illusion verfallen, in keinem stillen Willen, geliebt zu
werden, ich bin nicht zu wechseln wie eine Perle in der Kette aller anderen !
Eine Frau ist nicht das Handtuch, man in jedem billigen Motel bekommt,
und das wie ein warmer Sommerregen verzehrt wird, fantastisch und vielen
Dank an dich, mein Freund, ich weiß, dass ich mir meiner Formulierung
bewusst bin, dass von Zeit zu Zeit diese Worte geteilt werden, und die Leute
verstehen es falsch, das ist unser Schicksal, die Menschen kennenzulernen
auch wenn es einige Jahre dauert, um das Vertrauen in jemanden zu finden!
Und zu Ihrer Information die besten und mächtigsten Schamanen lehren
mich, mutig zu sein um ihre Gedanken auf meinen Körper zu schreiben zu
protestieren und sich unwohl zu fühlen und ich zeige jeden einzelnen Tag
meine Wut !
Zum Teil mir große Mühe zu geben, den Teil mit der Wut zu überwinden ,es
ist wie du sagst, das gleiche tue ich, seit ich auf der Erde bin, mein Herz
lässt mich hinübergehen, ich weiß, aber die Masse der erinnernden Vorfälle
die Ursachen sind: Es dauert Jahre.

Ich weiß, dass es keine Lösung ist, auf jeden Fall aggressiv zu reagieren,
keinen Selbstmord zu begehen, und auch nicht zum Aggressor zu werden.
Es ist, wie du gesagt hast, der beste Weg, Dinge herauszufinden,
in Stille mit sich selbst, und die Kraft zu finden, sich anzustrengen.

Heute nach Jahren !

Manchmal fragst du mich, ob ich mich an dich erinnere Ich erinnere mich an dich, wenn ich Rosen rieche Wenn ich galoppierende Pferde treffe. Ich erinnere mich an deine Haut, wenn ich Seide berühre & an deine Augen, wenn ich Magie beobachte. Dein Haar kommt in mein Blickfeld. Wenn ich einen Wasserfall rauschen sehe. Erinnert es mich an deine Gefühle. Wenn ich die Gezeiten der Ozeane sehe.

Als ich losrannte, bestimmte mein Pferd den Weg,
Das Pferd rannte eilig los,
Derjenige schloss sich zu seinem Spaß mit mir an,
Mein kleines Pferd gab mir die Freiheit,
Befreit von den Brettern, Gitterstäben, Begrenzungsgittern,
Ich floh in diese Weite, die mir ein Pferd befahl,
so oft, so schnell, stark, stolz, und blieb, wo ich bin.

Sei sanft, das ist das oberste Credo, vielleicht bist du ein bisschen zu viel davon. Besser als nicht, im wirklichen Leben bist du dankbar und hast in der Tat recht, dass Sanftmut der Motor ist, dass der Glaube an die Menschheit, dass der Austausch von Liebe und vorsichtiges Kennenlernen das ist, was es ist. So ist es, wenn ich nicht in jeder einzelnen Situation etwas teile, dann verliere ich die Wunder des Lebens ! Es ist einfach mein Vergnügen. Lass es so lieb sein, Wasser fließt und findet seinen Weg. Pass auf dich auf ! Ja, die Kirschblüte, der Apfel im Baum wächst noch !

40

Dritt klassisch, dünn verblieben für "bessere Vorzüge" angewandtes -
Angepasstes Arbeitsrecht, Frau in Arbeit keine deutsche Errungenschaft !

Liebe ist keine Show für oberflächliche Pfauen.

Liebe ist kein Fressen für den Mobb für das Grab der Ungeliebten.

Liebe ist flüchtig wie Putzmittel für die, die fremdgehen.

Liebe ist für den Lebensretter, Tatsache, der dir wieder das Leben nimmt.

Liebe ist für den Verführer, genauso von ihm fallen gelassen zu werden.

Liebe ist für den Bewunderer, dessen Kränkung wegen Trennung, dessen
Hingabe nur aufs Sexuelle abzielt. Ehe ist keine deutsche Errungenschaft !

Liebe ist für Gebrüder ohne Talente, die ersetzbar sind wie Turnschuhe.

Liebe ist für Gewalttäter die Garantie für Support und Unterstützung, Schutz
nur solange wie sie irgendeinen Profit geschlagen.

Ich bin eine Frau, die das Maul aufmacht.

Ich bin anspruchsvoll, was das angeht zu arbeiten.

Ich habe ein Talent mitgebracht, darum hatte man auf der Arbeit keine
Verwendung für mich.

Als sei ich als deutsche Bürgerin, die darauf nicht stolz ist,
mich für meine Vorzüge mehr als „behindert" bezeichnet. So spart man
Konfrontation und Gehalt, ich schreibe nicht auf einer Maschine, die heute
noch Nazi-Tastatur benutzen lässt. Solcherlei bestehen auf Arbeitsrechte.
Ich brächte also nur einen polnischen Nachnamen, würde mich als
„Gehirnamputiert outen", dann hätte die AWO bestimmt nen Job für mich !

Wer aber mit einem angelernten Facharbeiter Sozial-Arbeiterbrief ankommt, darf mir stets die höhere Nase drehen, auch ohne Können, der darf und soll seine Inflexibilität autoritär ausleben, das ist gewollt, wer das tut, hat nen Job fürs Leben !

Ist die Alte Liebe lang verrostet,
kommen die Weiber nicht mehr,
ist wie mit dem Chevi, der nicht geölt wird,
jeder endet mal als Oldi, but not Goldi,
ist er kein Ziviler stets auf Drogen,
und darf sich keinesfalls nur Sammi nennen,
der ihm, dann den anderen Tür u.Tor öffnet,
sieht der Typ nicht viel, und hat zu tun,
springt kein Weib mehr auf die Schwelle,
nicht ungewöhnlich sich erinnernd der betäubten Abende voller Geister,
"Chao" bis zum Wegklappen, drauf kommen,
durchhalten, abhippeln, ungünstig, erst schnell über "Rot",
übern Hintereingang ins Schlösschen,
dann gemeinsam "Reinfeiern" keine Frage ist zufällig,
nicht zum Weitersagen, was sie geritten .... ???

Für mindestens 35 Millionen Staatsgelder und Bürgersteuer finanziert sich das Schleswiger Schlossmuseum einen metallen Umbau des Parkplatz auf der Museums Rückseite in Größenwahnsinns groß.
Ihr werdet am Ende AUS DEM LACHEN nicht mehr RAUSKOMMEN !
Ihr seht, an der Hintertür in diesem Museum ist eine winzige Tür, durch die diese Arbeitskolleginnen aus dem Museum hereinschleichen, diese alten Damen, mit ihrer altmodischen Schönheit mit ihren hängenden Titten und grauen Haaren, wird bald zum gleichen Bog-Body-Outfit wie die Person darin.

Symbiose aufgetrennt, Kindes Diebstahl
ein Planet, der andere daneben,
ist kein Kranz um Mutterliebe,
die von Würmern angefressen,
das Kind ist stark sehr stark,
wie der Patriarch es werden will.
Mutter und Kind gibt es nicht mehr,
Kind fort, rücklings ein Totenschädel,
das Getier fühlt sich machtvoll,
das Gelöbnis Schaden zuzufügen,
der Mutter, die alles für ihr Kind tut,
dem nur die fernen Tränen blieben,
doch die können sehr schön fließen,
das blökende Heulen vom Schaf.
Das Leben zweier Planeten.
Die Liebe zweier entfremdeten Menschen.
Mutter soll sich schuldig fühlen,
sie soll im Meer als Ertrinkende treiben,
allein, wie er auf der Welt, zweier Planeten.
Faschisten nennen den Kindesraub EINEN GENIE STREICH !
Lass die Natur deine Muse sein.
Und nicht die Frauen die Muse zu Faschisten werden !

Mein Leben verlief nicht geradlinig, war immer sanft und glatt,
aber hilf dem Biest in mir, ruhig bei Tag und bei Nacht,
folgte dem Blick der Sterne, das Biest in mir,
musste lernen, mit Schmerzen zu leben,
wie man sich vor dem Regen schützt, und im Funkeln der Nacht,
musste es vielleicht zurückgehalten werden,
Gott hilf dem Biest in mir, ich sagte ihnen: „Ich war es."
Es scheint alles so nah, was sie in meinen Klamotten gesehen hatten,
das kleine Kind in mir, ein Teddybär,
dieser Humor war in der Luft verschwunden, davor war ich auf der Hut
vor dem Biest in mir, war uns nicht klar, ob es New York ist oder Neujahr !

45

Kapitel 1, Hetzmethoden

Es ist nicht Mondabhängig,
ob wir vom Scheißen Gewicht verlieren !
Es ist nicht die Seife, die uns im Innern das Fett löst !
Es würden wohl ein paar Kniebeugen nach dem Essen genügen.
Es ist nicht die Nachbarschaftliche Anbahnung Freundschaft
vom rückwärts gehenden Blick über die Schulter abhängig, der sagt,
der andere wüsste bereits seit zehn Jahren,
dass man Nachbarn sei !

Es sind diese nicht brauchbar sich hier ansiedeln, sich zu verschanzen, wo
das Kind mit Sicherheit bisschen durch den Wind, Einladung abschmettern,
den exotischen Verlauf nehmend, man sei aus dem kalten Krieg direkt bis
hierher einst geflohen, allein erziehend trotz dem Alltag schon zu alt, um
noch von großer Liebe zu träumen. Erst will das Kind wie gesagt beruflich
„auf KFZ machen", doch beim genauen Hinsehen, nicht zur Schule gehen,
sondern Therapeutische Werkstätten aufsuchen. Dann will das Kind „von
der hiesigen Familie" reden, sind es nur die Eltern eines Freundes, die für
sie beide mal den Grill anschmeißen, weil wo das Traumpaar sich nun
kennt, schaut das Mädel erst angsterfüllt wie ihr Hund an der Leine Vorsicht
genießt auf keinen Nachbarn einzugehen, wie es ihre Mutter beigebracht.
Beim nächsten Mal zeigt sie Bein frei und Arm frei ihre Tätowierungen, die
sich wie ein Gewächs auf ihr ausbreiten. Soll doch von außen betrachtet
weitläufig von einem Wohlstand ausgehen, präsent auf ihren dicken Waden.
Wo es **von der angeblich holden Schüchternheit doch nicht so weit her**
ist. Warum die Langeweile absitzen noch ganz auf Mama' s Ofenbank,
Herkunft eigentlich aus einem Landstreifen von DDR Zeit, in der die jungen
Leute in Scharen für die Freiheit über Gefangennahme und Flucht es sie in
den Westen drängte. Ich schätze daher kommt der mütterliche Unwille,
hiesiger Nachbarschaft und Gastfreundlichkeit Wert beizumessen, hinzu
würde spontan die Äußerung fallen, ihr Nachbar **selbst derlei familiäre
Wurzeln** zu besitzen.

Ihr Leute von Heute ! Euer Aussehen blendend, wie auf Euer Wort nichts zu geben, wolltet andere belehren. Nehme sich ein jeder davor in Acht, wozu er oder sie sich einverstanden erklärt, wer sich zum Dummen macht, endet als dieser ! Jeder **Eckensteher am Firmament** wartet auf diese Gelegenheit. Wer sich als studiert ausgibt, dann um seine wahre Absicht dahinter zu verheimlichen. Sein weiblicher Paternoster steht um ihn als die Frau, die ihm folgt als die Schadenfrohe, sein **Opfer in Verruf zu bringen**, erst auszuhorchen, wenn es sein soll lebenslang, dass sie ihren Ruf mit nur einer Information verderben könnte, sollte es ihrem Lügenbaron geglückt sein, seinen **Profit zu erzielen**. Ihre Worte sind Aggression, sie wird selbst gehasst, und war zu kurz gekommen, ihre Antworten sind schnippisch, kurz gehalten, berechnend, bis ihr Kragen beinah platzt, weil ihre dümmliche aufdringliche Ausfragerei auffällt, bis sie jeder kennt, und sie zu ihrem letzten Versuch, einen **Angstschock auslösen will**, der nur im schlimmsten Fall wieder auf sie selbst zurück kehren wird. Ab da **glaubt ihr keiner mehr** nur irgendwas mehr. Sie hat ihre eigene Glaubwürdigkeit verspielt. Zu ihrer Seite, der unbekannte Mann will auch im Alter bewundert sein. Also wirft er Frauen fachmännisch den Don Juan Blick zu, als hätten sie gern mit jeder speziell einen Riesen Spaß vor, ganz unverbindlich, dir versprechend, du kämst mit ihnen auf deine Kosten. In einer sehr kleinen Provinz sind Begegnungen der besonderen Art rar und selten einmal versuchte jemand offene, ehrliche Art zu zeigen, alles bleibt da mehr so „hinter' m Busch", aus Neid heraus, dass der Einsame draußen wohl etwas **mehr von der Welt gesehen** hatte, als man selbst. Und mit Bedauern kriegt man endlich die Bemerkung, die da fällt, das bisschen Alleinbleiben, sei doch gar nicht so schlimm.

Der Waisenknabe, der auslässt, dass er die Absicht dich hinters Licht zu führen, noch im Uterus zurück hält, denn du sollst die Geburt für ihn sein, aus einem Mutterkörper, du dann sogleich um deine Welt herum abstirbst, ohne dass du etwas davon merkst. **Nicht er ist der Waisenknabe**, sondern dich macht er geschickt zum Halbwaisen Neugeborenen, der sich alsbald an nichts weiter erinnern wird, als eine Sturheit der Mutter geerbt zu haben, dich zur Welt zu bringen, und **keinem Knaben mehr in die Augen siehst**, ohne zu überdenken, dass er dich automatisch übervorteilen wird. Es ist aber keine Freude für jenen, wenn die **Frau den spanischen Wortlaut kennt**, mit welchem sie solche Heuchler enttarnt, denn er scheint gar kein Spanisch zu sprechen, sondern scheint wahrlich nur eine dicke Anakonda zu sein, die hinter dem Kleiderschrank auf dem Fußboden liegt und **nur ans Fressen denkt**. Es ist ihm sofort ein Warnzeichen, weiß er, dass du ihn durchschaust, weil außer einem „Hello" wirst du nie mehr wieder von ihm hören, weil er keine sprachliche Fertigkeit besitzt. Doch er träumt alsbald von einer zu schlachtenden Sau im Trog, die gerade mal wieder den Bolzenschuss abbekommt, weil sie auf seine Paraderolle als Studierter reinfällt, sie müsste nur einmal falschen Freunden vertraut haben, und den Wortlaut ihres Betrugs wieder erkennen, als vertraut sehen, und **für Bewunderung seift er sie ein**, bis ihr die Haare nach diesem Bad mit ihm, nicht mehr blond gelockt aussehen, sondern die herrlichsten Dreadlocks und verfilzt enden, und sie nie mehr zum Erwachsensein gehören wird, denn jeder kann über sie autoritär und manipulativ bestimmen, und sie wird ihnen alles glauben, und wenn sie Glück hat, **eine andere den Weg kreuzen wird**, die sich noch dümmer geäußert und alsbald als die neue Dümmste der Stadt bezeichnet wird. Man gibt sich hier gern die Blöße, schlendert allein mit Hund an einem vorbei, reißt lauthals einen dummen Witz, in der Absicht mich zu konditionieren. Ich jedoch **lache absolut nicht darüber**, schenke keine Huldigung und gehe freundlich mit Gruß vorüber. Die alte Dame schreit mir hinterher beleidigend, vor einer anderen Frau empört reagiert, ich sei eine kranke Idiotin, ein kranker Depp. Dabei sitzt der bereits bei ihr Zuhause, allein und mit Multipler Sklerose, Rente, Beamter, desillusioniert, und seiner Streitlustigen Frau überdrüssig, im viel zu kleinen Haus, die aus Langeweile Passantinnen verbal attackiert.

Das tun Alle ! Ein Kind stürzt nicht vom Kirchturm, wenn es seine ersten Freunde hat, ein Kind verliert kaum den Verstand, würde es den ersten Joint probieren, ein Kind wurde erwachsen, wenn es seine erste halbe Welttour macht, ein Kind blüht auf, wenn es damit weltweite Freunde hat, ein Kind muss sich nicht das Leben nehmen, wenn es ein paar mal verliebt war, ein Kind war niemandes Besitz, drum **es sucht sich seine wahre Familie aus** !

DAS TOTSCHLAG ARGUMENT !
Das ganze es ist "Mein Kind", es ist "Mein Zuhause"
bringt Helikopter Mütter nur dazu, sogar bei Widerrede oder Distanz
"das Kind" für IMMER aus der Familie zu verjagen !
Erst sind sie am Tisch mit den Füßen, dann haben sie da keinen Platz,
sie sollen lieber von Wahrheiten von Geschichte, Geheimnis, Getue
nichts erfahren müssen, dass die Schläge bei Widerstand
nur der "gut gemeinten Erziehung" dienten,
dass **der gesunde Humor gebrochen,** nur dem "vermeintlich gesuchten"
Ehegatten, und der endlich erreichten Familien Karriere dienten,
wenn überhaupt, laut Standes"amt"**wozu sind Töchter sonst wohl
dienlich** ?

Frankreich stolpert ein wenig.
Corona, rechte Politik, wenig im Kühlschrank, keine Medizin für Ärmere
Versorgung zu Geburten im Sinkflug, staatliche Medizin desasträs
Personalmangel, keine Lohnerhöhung, schlecht bezahlte Ärzte wandern aus
Prostestbewegungen, Rassismus als Mainstream, Umweltverschmutzung ...

Siegen die Sozialdemokraten werden sehr schnell Verhandlungen beginnen,
die Lage im Land wieder zu verbessern, allenfalls sonst, Verschlechterung !

Mit dem Hirnschaden, dem Fehlen der Empathie,
dem Ausbleiben der Einsichten, der Abhängigkeit vom Ego,
der Angst loslassen zu können, der Scham Fehler zu machen,
des Abgelenktsein vom Lärm,
dem Fehlen positiven Denkens,
dem Rückzug vor den Menschen,
dem Widerstand gegen die Welt,
der **Einsamkeit allein zu durchleben,**
der Begleitung allen Wissens in mir,
so fahre ich geduldig, und eines Moments ist Stille,
die mir gleichsam wie meine Haut als angenehm mich überfährt,
schon lange so ...... und mehr muss es nicht sein !

Was für ein Amerika?

Wenn die amerikanische Flagge Leute beleidigt, sollten die Amerikaner ihre Länder verlassen. Cool gesagt, in der Tat. Und wie wäre es, hinterher nach dem einen Baum mit dem freien Wind in den Zweigen zu suchen?? Ich spreche nur vom Verlust von Elvis Presley und Marilyn Monroe, früher war die Hippie-Bewegung gesünder als die grundlegenden medizinischen Behandlungen in Amerika, und ich vergaß ... die bestehende hochklassige Medizin für Spezialisten ist immer noch für die Oberschicht, tatsächlich für ein paar Dollar mehr. In Zukunft wird es eine Gewinn- und Verlust-Situation sein, wie einigen **das Rauchen verboten** wird, aber einige Raucher werden den Verbotenen Verlierer aus dem Kühlschrank essen und darüber lachen. Die Schwarzweißfotos zeigen, dass die Neuankömmlinge der **amerikanischen Prohibition näher** zu sein scheinen, als sie wollten ! Wisse, der Abschaum menschlichen Rückschritts wird eines Tages Seinesgleichen aufessen ! Hat schon begonnen. Natürlich sind die Zeichen zu sehen, die man in Amerika schon zehn Jahre früher erkennen konnte, und die man in allen guten Büchern leicht nachlesen kann. Angesichts dieser Tatsache werden Sie bald sehen, dass mehr als 50 Millionen **Amerikaner fliehen** werden! Unwahrscheinlich. Nicht so viele haben einen Reisepass. Es ist wie bei diesen deutschen Nazi-Reichsbürgern, die auch keine normalen Reisepässe besitzen, es ist SCHEISSE IM OFEN – wie Sie sagen!!! Die Leute fragen mich: Kenne diesen Begriff nicht. Gibt es noch welche? Ich meine, die „Reichsbürger" und der „Kookoo-Clan" sind, d. h., die degenerierten Träumer, die sich eine bessere Zeit wünschen, aber die Aufklärung dazu verloren haben. Ich gehe froh und munter nicht davon aus, dass 50 Millionen Amerikaner wohl oder übel alle in Germany als Flüchtlinge anlanden, stelle man sich nur vor, bereits hatten wir mit deren Soldaten und **Vergewaltigern das Vergnügen, was unwahrscheinlich**, jetzt wollten sie auch noch deren Familien mitbringen ? Sie haben ja in Europa gar **kein Zuhause** mehr.

51

Mann isst. Ähh, ich liebe dich. Verdammt, er liebt mich. Du liebst mich ?
Ähh, das ist mir egal. Ich liebe dich, verdammt. Scheiße, dieser hier liebt
mich verdammt noch mal. Er liebt mich ? **Du liebst mich ?**
Verdammt, was ist Liebe?

Jaaaa, ich weiß, wir Menschen sind Alle EINE FAMILIE,
und **wenn wer untergeht, gehen sie ALLE** beisammen !
HAHAHAHA

Hach egal, is wie Spagetti essen, wie die Frau mit anbietet,
Millionen zu machen, wenn ich die Wahnsinnswoge
hinter ihr am Meer als Investition einbeziehe,
erst 300.000 einzahle, dann verspricht sie mir,
mit alle meinen Hörbüchern garantierten Gewinn zu machen !

Spagetti essen ist wie, ganz ohne Schnaps, wisse,
trinkst du 1 Li von meiner Pisse, wirst du garantiert gesund,
Kosta Quanta nur 400 Euro !

Spagetti essen ist auch wie, ich soll laut Kompliment gut schreiben,
soll deshalb schnell 1000 Euro rüber schreiben,
und garantiert würden mir dafür 45 Bücher abgekauft !

Spagetti essen ist auch,
nem Sugar Daddy sein neugeborenes Waisenkind stellen,
und für seinen 20 Dollar Schein alles zu machen.

Spagetti essen klingt wie, nem falschen Dokument Glauben schenken,
gehen wir mal auf Wanderschaft, Liebes und sehen wie Freundschaft sich
bezahlt macht ? Lieblingssatz in einer gemeinsamen Kollektion
pleitegegangener Bankengeschäfte "Seid Ihr Alle Wahnsinnig ?"
jetzt sind auf den Hausdächern, finanziert aus roten Zahlen bereits kunstvoll
die Schwänze aufgesetzt, und Ihr wollt noch zugeben, beim Kaviar
Frühstück, das Alles nicht gewollt zu haben ?!"

Ein Lügner nutzt schräge Erziehungsmethoden,
dem Kind zu zeigen, wie einfach gelogen wird,
und dabei noch neutrale Gesichter zu ziehen.
Ein Lügner stellt die Freundschaft über korrektes Verhalten,
wird die Gurke als Klettermaterial bezeichnen,
was nicht so gut ran wächst wie seine Lügen.
Ein Lügner verkauft dir nen Ferrari,
und lässt den Rabatt durch den Raum fliegen,
ohne dass du den je kaufen wolltest.
Ein Lügner bestätigt beim Ablehnen und nutzt Sex zur Wiedergutmachung,
auch wenn er die eigene Frau für tot erklärt.
Ein Lügner würde nie aufrecht trauern,
sein Gefühlsgebäude würde zusammen brechen,
also bleibt es beim Lügen, denn alles ist bestens.
Ein Lügner weiß, er braucht die Menschen,
die aus Dankbarkeit für Zuwendung, für sein geschicktes Alibi
ihm Glauben in allen Lebenslagen schenken,
auch wenn er sie am meisten belügt.
Ein Lügner betrachtet jeden als Single lebenden Menschen,
als übrig gebliebenen Nichtsnutz, dem es an Realitätsbewusstsein mangelt,
sodass ihm selbst der zweite der Zeugen Jehovas davon gelaufen sein muss.
Ein Lügner geht ungern zur Arbeit, er hält jeden seiner kollegialen
Mitarbeiter für in Unschuld gebadete Idioten, denen ehelicher Sex fehlt.
Lügner suchen ihre Alibis am ehesten in schmuddeligen Schalunken,
dort wartet immer das blonde Mauerblümchen,
die allein erziehende Mama am schmachten,
oder die ausgegrenzte kollegiale Kollegin auf ihn wartet,
die er für kaputt genug hält, als Mülleimer zu dienen,
der Lügner hält die loyale Freundschaft für etwas,
auf das nur die reinfallen, die sich zu wichtig nehmen,
lass sie reden, sagt er, und er sei am Lügen gehindert.
Lügner fallen auf sich rein, wo es vertraut wird,
geh dann mal ganz nah an so einem vorbei,
du spürst es, weil die Lüge sich dabei unendlich verdickt.

Lügner setzen alles dran glaubwürdig zu wirken,
deshalb senden sie ihre Signale an andere Lügner,
je schlechter die anderen, desto besser steht er da,
und wo der Lügner sich platziert, da wächst kein Gras.
Lügner betonen oft, sehr normale Menschen zu sein,
ehelich gehörte es zum normalen Ton mal zu streiten,
weil wer tief im Lügen drin hängt, muss normal erscheinen.
Lügner berufen sich auf die Leute, die an Liebesillusion glauben,
die glauben, das Glück muss zu erklettern sein,
denn wer tief glaubt, fragt nicht nach der Wahrheit.

Warum glauben die besten Frauen immer der Lüge,
es sei das Allerwichtigste unter Freundinnen zu behaupten,
der passende Mann sei nur der, unter jenen,
die der Frau auch in Worten sagten, dass sie sie liebten,
und alle Frauen fallen genau deswegen auf die Männer alle rein !
Statt dessen sollten Frauen lernen und begreifen,
es kommt nicht darauf an, gesagt zu bekommen, geliebt zu werden,
sondern würde dies nicht eintreffen eher zu sehen,
es waren immer die ausschlaggebend für verpatzte Liebschaften,
die ihr nachsagten, dass ihr die Liebe einfach nicht zustehen würde !

Mein guter Rat - heirate Nie ! Lass deinen Ehemann nie aus den Augen,
oder der hat ne Kuhle gebuddelt, und für ne Klettergurke alles stehen und
liegen gelassen ! Gern sei es so gewesen, das mit vorher, das mit der Lüge,
Vauvenargues hat einmal gesagt, es sei immer auch gut, etwas ein weiteres
mal anzusprechen, über das bereits gesprochen wurde, was also einer über
dich oder über deine Mutter gesagt hatte, gelte lediglich einer Liebes
bedürftigen, nicht zu übertreffend naiven, folgsamen Empfangsdame am
Foyer, der man alle kranken Gestörten aufhalsen wolle.

Ein Freund malte eine Feenfigur, eine Mischung aus rothaariger Frau,
Eidechse, Drache oder Troll! Ich habe wieder einen Traum gehabt ... ich war
unter tausend Amerikanern. Das erste Mal träumte ich vor fünf Jahren.

Ich dachte, ich würde in einer kleinen Holzhütte in meinem Wald leben und dann reisten an meinem Geburtstag 1000 junge Amerikaner aus dem Süden zu meiner Party zu mir. Jetzt träumte ich, ich wäre auf einer Reise zwischen all den öffentlichen Orten, an denen man Amerikaner findet, wie eine Stadt nach der anderen, und ich übernachtete in Hotelzimmern, wieder mit 1000 Menschen um mich herum, und ich war unterwegs von einem Ort oder Universum zum nächsten, es war ein stressiges Leben ...
ahhh und Sie sehen, dass meine üblichen Lebensprobleme fast genau die Orte waren, an denen ich zu leben versuche, und so träumte ich, zuerst von 1000 Menschen in den einsamen Wäldern gefunden zu werden und dann natürlich unter den 1000 zu sein und von einem Ort zum anderen zu rennen. Das ist mein innerster Wunsch in meinem Leben und in Frieden zu leben!

Die Leute stehen in den Städten und arbeiten ständig wie unter der Erde. Was in ihnen den Wunsch weckt, das ständige Verlangen, die Fantasie und die Sehnsucht nach dem sonnigen Teil des Lebens draußen in der Natur, in ihnen weckt, und in der Natur zu sein, ist es, dass man jeden Tag so viel Lärm und Stress erträgt, aber sehr ausgeglichen und stabil darauf reagiert. Ich suche die Natur, um den inneren Frieden zu bewahren und mich ohne Angriffe kranker Nachbarn lebendig zu fühlen. Es musste passieren, dass wir uns beide in einer Welt zwischen beiden Welten treffen, Von dem Moment an, in dem Du ein kleines Hundebaby um den Hals hältst und siehst, wie es in Dein Blut und Deine Adern fließt, veränderst Du Dich ! Ja, ein Hund im Alltag, Zusammensein bedeutet Beziehung, das hat nichts mit Liebe zu tun, das ist eine feste Tatsache, Liebe kommt und geht einfach... ohhh ja, es gibt tatsächlich viel mehr als früher, das ist lustig zu sehen, wenn ich von draußen kranke Menschen treffe, die mich seit mehr als 25 Jahren in dieser Stadt kennen, wenn sie noch nicht Selbstmord begangen haben und mich immer noch grüßen, scheinen sie immer dieses starke Gefühl der Liebe aus der Ferne zu spüren, aber ich kann ihren Wunsch, ihre Mutter zu sein, nicht erfüllen, aber wenn man sie nur für eine private Handlung braucht, dann ist das harte Arbeit, ihnen klarzumachen, dass Freundschaft nur durch gegenseitige Hilfe entsteht, aber man wird sehen, dass sie weiterhin die echten Kontakte verbergen.

Denn in einer Art Beziehung ist das zu viel für sie, jede Begegnung mit ihnen kratzt hart an dem Liebeserlebnis und das stresst sie.

Ich liebe es, Leute aufzuziehen ! Ja, aber Kranke können nicht beschreiben, was sie fühlen, das macht ihnen Angst, das ist ihre Anspannung, die hört erst auf, wenn sie sich zu Hause verstecken und ihre Türen schließen und niemanden hereinlassen, drinnen ist ein Chaos. Ein Sozialarbeiter im Kinderkrankenhaus hat mit mir gescherzt. Ich liebe es, die Raucher am riesigen Aschenbecher zu provozieren, wenn ich vorbeigehe und über sie lache oder sie an das gute, gute Atmen erinnere. Der letzte hat gescherzt und gesagt: „Wir müssen rauchen, weil das zu teuer ist. Wenn wir aufhören, erhöhen sie die Steuern enorm und wir würden alle pleite gehen !" Also habe ich gesagt: „Ahh, dann ist es viel besser, wenn ihr alle krank bleibt !" hahahaha

Ich kann mich mit Dank dazu äußern, dass ich nicht meinen Unterhalt mit der erzieherischen Einflussnahme Suchtkranker allen Ursprungs in Sozialarbeit verantworten muss. Es ist mir sogar egal. Ich trage keinen Helferkomplex an mir rum, der Rauchern das Rauchen abgewöhnt, weil ich mir einbildete die Weltherrschaft an mich reißen zu müssen und für die privaten Probleme der 10 Billionen Süchtiger den jeweilig richtigen Rat zur Bewältigung ihrer Lebensprobleme zur Verfügung hätte, als könnte ich der Welten Probleme einfach vom Dach stoßen. Kleine Sünden bestraft der liebe Gott sofort, das kann ich nicht beeinflussen, und richtig geraucht habe ich persönlich nie. Ich sehe es eher mit meinem Humor, wenn junge Leute es schaffen, trotz Pleite ihr Rauchwerk noch finanzieren können, alle Achtung. Es grenzt ohnehin nur an deren Selbstironie sich damit die Gesundheit zu ruinieren, während ich nur drüber lästere, aber mit Herzen !

Welche Frau liebt nicht den Ausdruck auf dem Gesicht, wenn sie sagt :
"Ich kann Kung Fu, ich liebe diesen Sport !" wobei der Mann bereits andrer Betätigung nachgeht wie er Ziel gesteuert fremd geht.
Frau Lavinia aus dem Westlichen Wald, gibt an die schlauste vom Westerwald zu sein, drum auch mit Lebenslauf Betrug Karriere macht.

Nichtraucher sind auch Menschen,
die sich selbst belügen,
irgendwann erkennend,
wie falsche Luder sich am Mann bedienen
und sich den Mann nehmen kann,
den sie für ansprechbar hält.
Liebe - ein zweischneidiges Schwert.
Das mit Kung Fu ist weit hergeholt,
während Lavinia ihrem Mann einen runter holt.
Die Art Liebesversagen ist schmerzhafter,
als mit dem Rauchen aufzuhören !
Deshalb hatte ich mein Leben lang Zeit
mich an den Gedanken zu gewöhnen,
dass ein ansprechender Mann im Ausland
nur die zukünftige Erfahrung bedeutet,
die Last der Einsamkeit zu erfahren,
dies handelsübliche Ende einer Ehe,
und den Stopp der Musik mit zu erleben,
weiß doch jeder,
dass Kevin laut Psychologie nur
die nachgestellte Beziehung mit Barbie vorschwebte !

Geld wird von Banken gedruckt.
Sachwerte sind nicht unsichtbar.
Institution wird aufgeplustert,
Schulden sind ihr eigen Kapital.
Schulden wachsen in die Höhe.
Bürger schuften, deren Geld -
durch kleine Geldwäschen aufgerieben.
Kapitaleinnahmen im Dreieck,
dreimal abgesahnt.

Leute, die ihr Geld zur Bank bringen,
sind drauf reingefallen,
selbst die Politik lässt sich finanzieren,
durch Blöff und der Berg wächst,
nur weil die Institutionen
weit hingehend zu teuer werden,
dass die Finanzwelt und Politik
auf einen Abgrund zu steuern !

Niemand wird noch 1 Cent investieren können,
solange Saatgut, Pestizid und Nebenkosten derart
und subventioniert in die Höhe gehen. Das ist bekannt.
Man muss die Bauern zusammen schließen zu Großbetrieben,
die Land abgeben an die Großen, anders geht das nicht mehr.
Nur ab einem gewissen Standard, hielt sich der Landwirt noch,
das ist weltweit so Realität, und Umdenken eben auch.
Wer groß denkt, verkauft billig,
nur so findet er seine Abnehmer !

Kapitel 2, Opportunisten

Es gibt in der Kirche keine... **Schutzheiligen** für Hebammen, ...
die kaum für Katholiken schützenswert,
deren Geschäfte eher von im Kreishaus durchgeführte Kaiserschnitte,
keine für Pflanzen und Kräuter, keine für Zauberer, jonglierende Köche,
weil die Kunst als eine Lüge bezeichnet wird,
und keine für einfache Putzkräfte, auch nicht welche, die nackt putzen,
keine für Wunderpillen gegen Hyperaktive,
weil die heilige "Rita" bei ADHS nicht hilft,
keine für die ganz besondere Wurst !

Würde keiner der schmalen, dünnlippigen Opportunistin Glauben schenken.
Sie hasst Kinder, hat einen braven Partner, ein kleines Häuschen, und mit
ihrem etablierten Job, durch den billigen Sozialarbeiterbrief Tür und Tor
offen, **nie von anderen durchschaut** zu werden, darum trägt sie das lange
Haar nie offen, fährt vielleicht schnell beschämt auf dem Vehikel an dir
vorüber, doch nur um zu verbergen, dass du selbst keinen **minimalen
Studienplatz** brauchtest, um dich als schlau zu etablieren.
Erkennst belächelnd der Gewinnerin an, die bei der Kirche jobbt, also einen
äußerst **lauen Dienst absolviert**, ihr **geht was ab, wenn sie dich sieht**. Du
bist diejenige, die ihr Handwerk verstand, sich durch das Leben zu schlagen
ohne Sponsoring. Sie kam von dem Fachbereich des Studiums, mit der aller
wenigsten beruflichen Anerkennung. Ich habe meine Fertigkeiten von der
Wiege auf durch Arbeit und erworbener menschlichen Anerkennung gelernt,
darüber 116 Bücher verfasst, keinen Versorger geheiratet oder eventuellen
Schlappschwanz an der Seite gebraucht, oder einen Zuhälter von der Kirche,
der die unterlassene Hilfeleistung bei zu vielen aus **deren Klientel
vertuscht**, des Hausfriedens willen. Und ich trage mein Haar offen, unter
mir ist noch keine Stadt abgesoffen. Tja alles was der Heuchler Dank wert,
sei euer **Glaube auf Toilettenpapier**, keine Ahnung was ihr unter "oben"
versteht, wo ihr nichts durch den Nebel seht, sich alles nur um euren Nabel
dreht, selbst eure Gier im Gesicht verewigt, sich als Lebend Narbe
offenbart, und die **Jugend Unschuld** schnell vergeht.

Mit solch dämlicher Masche, mich **im Vorbei nur zu schneiden**, Münder ein Schlitz, und es beim Abbiegen aus den Blicken blitzt. Sie werden sich langweilen müssen, beruflich rein gar nichts mit mir zu tun zu kriegen. Es gibt nichts, rein gar nichts, worauf die Öffentlichkeit in Punktgo Mutter's Liebling steht, solange die Verdammte Zeit vergeht. Sollte es dazu gekommen sein, ich hätte mit so einer den Einkauf gewagt, weil es ihr Zuhälter oder Chef ihr sagt, dann hätte sie sich gewiss aus der Auswahl sämtlicher **Damen Lederwesten die längste** ausgesucht, weil ihr kurzer, schnippischer Blick, unter dem Leute wie ich vor ihr ausgleiten, keinen Blick auf ihr Hinterteil gebieten, also die schicke Westernmode müsse in etwa helles Wildleder sein, mit Fransen, vorne offen, und so lange, dass es bis über ihren Hintern zu den Knien runter reicht. Damit ließe sie sich gerne feiern, und sie verlangte garantiert, ich hätte ihr **bis zur Kasse dazu applaudiert** ! Weil sie mir nur zutraute, nackt unter einem blauen Batik Tuch vor den Augen der Passanten das Weite zu suchen mit der Bitte um eine **milde Gabe oder Wiedergutmachung**.

"Ich denke diese, die man 1982 zu jener Zeit in Israel alle einmal kannte, auf der Reise durch das Landei, frage ich mich wie zu Zeiten des Friedens, seit dem auf einem Landei ein Diktator 20 Jahre schon Menschen, die er kaum wenig anders niedermetzelt, ausgrenzt, hetzt jetzt sogar ausrotten will, mit dem Begriff "Landnahme" trocken auf einem winzigen Landei einen Genozid veranstaltet, der keinerlei Beispiel hatte, ich denke wohl, wie viele meiner damaligen Freunde, ungleich welcher Herkunft, Farbe könnten heute noch am Leben sein ?"

Was bekomme ich für 5 kg Euro?
Lassen Sie mich überlegen... 1 kg Salz?
Ich weiß, dass Salz nicht leicht zu bekommen ist.
Kaufkraft, niedrige Löhne, wenig Arbeit, trotz eines Mangels an medizinischem Personal, aber der größte Teil des Defizits liegt bei den Menschen selbst, deren Gesundheit unter Unterernährung leidet, was auch auf den Mangel an Lebensmitteln und Produkten in ihren Regalen zurückzuführen ist !

Wenn Sie mit jedem in Großbritannien sprechen, verstecken Sie sich nicht hinter der Wahrheit, bleiben Sie nicht hinter dem Vorhang. Sie verstehen ihren starken Willen, gesünder zu leben, aber nicht an die Produkte heranzukommen, diejenigen, die gesund leben lassen. Ich weiß, dass die Leute der Wahrheit ins Auge sehen und denken, dass es anderswo anders ist. Der Verkäufer ist, der ihre eigenen Billigprodukte verkauft, um die Leute mit Zucker und Fett vollzustopfen, so teuer, wie es will, und die Leute reden über Natursalz, dieses gesundheitsfördernde Produkt,
anstatt über Industriesalz, das ziemlich ungesund ist. Diese Bauern gehen Pleite. Bauern können ihre Produkte **nicht zu fairen Preisen** verkaufen, sie gehen bankrott und müssen sich dem Diktat der Mafia beugen. Die kranken **Verbraucher haben keine Wahl.** Je kränker sie werden, desto mehr brauchen sie als Zucker- und Fettsüchtige und sterben früher, denn letztendlich ist die Zucker- und Fettsucht viel schlimmer als die Alkoholsucht. Sie tötet zwar langsamer, aber härter.

Ich heile nicht mehr durch Auflegen der Hand,
sondern damit jemandem im Ganzen eins auf die Fresse zu geben !

Ich bedaure nicht mehr ein Pferd von hinten anzugehen,
sondern bezweifle nur, dass es mir nach hinten austritt !

Ich singe nicht mehr, um durch die Masse ins Auge zu stechen,
sondern geh geradezu gern nur an ihnen vorüber !

Ich trinke nicht mehr, um die Alten Geister aufzubeschwören,
sondern um mein Gelächter über die Geister von heute nicht aufzuhalten !

Ich befreie mich nicht mehr
durch Abhauen aus ehemaliger Geflechte,
sondern damit mit jemandem meinen ganzen Wortlaut auszuleben !

Ich bedaure nicht mehr mit den Pferden davon zu stieben,
sondern bestätige dabei nicht unter deren Hufe zu geraten !

Ich beschütze nicht alten Dialekt,
um fremden Hühnern Eier ins Nest zu legen,
sondern geh geradezu dazu über, vom Verlust der eigenen Eier zu reden !

Ich studiere nicht mehr, um die Landesgeschichte zu verstehen,
sondern um die Alpträume dahin gesehen,nicht vergessen werden zu lassen !

Ich ertrage es nicht mehr die Auswirkung dessen zu erinnern,
durch eine Elternkonstellation, die es zeitlebens schaffte,
kein Wort miteinander zu reden.

Ich befürchte einseitig nicht mehr
zu behaupten, ich habe in jeder Bekanntschaft, die ich mit Tieren hatte,
den besten Gesprächspartner gefunden zu haben !

Ich bestimme nur noch darüber,
wer mir als Freund als Arschloch begegnet,
und nicht welche Arschlöcher mich gerne zukünftig kennen wollten !

Ich studiere nicht die Menschen, die im Dunstkreis der Familie
ein Kneipengefühl hinterlassen, das in Qualm, Gewaber und Streiterei
nicht mehr zu unterscheiden geht.

Mein Malbuch. Einige dieser Bilder sind in beiden, das Erste Buch ist etwas
kleiner, aber es sind mehr Bilder. Meine Malerei, ja, das hat uns bewiesen,
dass man nie aufhören darf zu träumen, nie an einem Tag aufhören darf, an
dem es keine Inspiration gibt, es wird eines Tages ein Tag kommen, und
jemand wird sich darüber freuen! Das erste wurde für einen sehr guten
Freund,gemacht, der über sein ganzes verdammt langes Leben lang mit mir
geredet hat der körperlich verdammt krank ist, seine Partnerschaft in der
Krise, drum haben wir ein halbes Jahr lang intensiv über unsere beiden
Künste gesprochen und geteilt, also wurde ihm dieses Buch gewidmet, zu
seinem 55. Geburtstag ! Die erste Ausgabe war eine Art Show meiner
Träume. Die zweite war eine Art Versuch der Porträtmalerei.

England hat eine gute politische Front gegen die alten rechtsgerichteten Tories, die Sozialdemokraten haben gewonnen. Polen hat beim letzten Mal genau dasselbe gemacht! Mal sehen, wie Frankreich am Sonntag abschneidet. Ja, es wird sehr interessant!

Tatsächlich erinnere ich mich an die Franzosen als sehr stolz auf ihre nationale Kultur, das Theater, den Tourismus in den Gegenden mit großer Kochtradition. Sie lieben ihre Landschaft, wissen aber immer noch nicht, was vom Naturschutz und von Atomkraft abhängt, und sie lieben es, sich allen anderen Ländern als höhere Wesen darzustellen. Sie sprechen mit niemandem, der ihre Sprache nicht beherrscht, also geben sie Ihnen nichts zu essen. Ja nun, wenn sie Nazis werden, verlieren sie ihren ganzen Ruf als Urlaubsland und auch ihren Tourismus, ja, dann verlieren sie vielleicht den berühmten französischen Titel in ihrem Vertrag mit Frankreich „Liberté Égalité Fraternité" wie „Freiheit, Gleichheit, Brüderlichkeit". Damit könnte es vorbei sein und sie könnten in den Titel „Nazi, Unholde, Militär" abrutschen. Das Volk wählt, das Volk bekommt, was ihm zusteht, ja, tatsächlich, denn der Osten, Nazi-Russland und China, arbeiten unentwegt daran, die Länder vor jeder einzelnen Wahl zu spalten. Stellen Sie sich jetzt vor, es sei eine Tatsache, dass die USA am selben Abgrund stehen wie Frankreich.

Auf dem Spaziergang mit dem Hund. Dann sprang sie auf dem Rückweg in den kleinen Sumpf und nahm ein kleines Bad, dann ging es ihr besser, und ich sagte einem Arrchloch auf meinem Rückweg, dass er seinen langen Arm nicht in den Himmel strecken solle (wie ein Nazi), mit seinem Kind auf dem Arm, weil das für Mable beängstigend sei, also müsse er mit solchen Dingen aufhören, mein Hund fand das nicht lustig, sie wollte nicht an dem vorbei, der wie ein elitärer Öko-Scheißkerl aussah, er entschuldigte sich und ließ uns vorbei. Das war endlich mal was, tatsächlich werde ich, wenn ihm das noch einmal passiert, einfach ein bisschen lauter, egal, du weißt, dass ich das niemals ignoriere. Ich brachte ihm bei, wie er sich zu benehmen hat, das sind die Reichen, denen man Benehmen beibringen muss, wie komisch das klingt, jaaa, und ihren Tritt geben, sie haben und besitzen und

63

bekommen können, was sie wollen, als ob alles, was angebaut wird, ihr Paradiesgarten wäre. Ich denke immer an den elitären, hochgewachsenen Arschloch-Vater mit Falten und grauem Haar, der einen Sohn zur Welt gebracht hat, und der sich wie der übliche Psychopath so verdammt für den Nabel der Welt hält, dass er nie die Gebärmutter bemerkt hat, aus der der Junge kam, als ob dieser dachte, er hätte ihn selbst geboren hahahahahaha, der Klon hat den Klon zur Welt gebracht, warum dann die Gebärmutter der Mutter? Diese Tatsache ist der Grund, warum Psychopathen nie mit ihren Frauen reden, sie ignorieren einander. Ja, er denkt sich: „Es muss wehgetan haben, zu gebären ... warum kann ich mich nicht erinnern?"
Dieser Witz war aufschlussreich.

Meine "Entjungferung" beseelte die Frage, ob ich und der Lurch, die Sau dessen Frau ich wohl möglich gemeinsam mit ihm dies Getränk soff, das schien so blau, er trank es real, ich nicht, darum war ich der Lurch, der kam durch, **Schade um den Mann !**

Mojave Desert ! Sonny Barger machte sie wütend,
sie mussten darüber reden, das Thema Führerschein,
sie mussten sich ja an die Grundsätze des Gesetzes halten,
war ein Heuchler schlecht und humorlos, hätte mich besser von Engel zur Hölle gewandt, brauchte die Zeugen zu nichts, also gar keinen Jehova, der in einem Schloss so hoch wie die Wolke lebte, um auf Jesus zu warten, in der Lower East Side stimmten beide überein, aber wenigstens war Gott, der Eigenbedarf ankündigte, der sie rauswarf, brauchte heute keinen Jesus, wer hatte jemals den längsten Weg zum Cruisen, aber machte den Fehler, ein japanisches Motorrad die Hügel hinaufzufahren, in der Mojave-Wüste?

Wer ordnet **Verheirateten** an künftig eine ½jährige Probezeit zu verrichten? Züchtigen in der Ehe sei im modernen 18.JH nicht mehr gängig, wenn auch noch Todesstrafe, zumindest erzwungene Zuführung der Frau, dann auch gerne noch Gewaltanwendung bei Unlust, das Beiwohnen der Frau sei schließlich Pflicht, bei Unwillen darf die Frau eingesperrt werden, und nur der Zahl kräftige Schwiegersohn sei erlaubt.

Die Erleichterung von Scheidungen sei nur für die Werbung gedacht,
und die Jungfern Steuer sei maßgeblich ein Muss !
Das alles schien gut genug für die jungen Leute,
ein wenig mehr an der gemeinsamen Zukunft zu planen.

Dänemark oder der Norden, ja, Sprichwörter haben unterschiedliche
Formulierungen, aber durch die vertraute Nachbarschaft können wir viel
lernen. Unsere Sprachen haben viel gemeinsam. Das liegt immer daran, dass
die Wörter in den verschiedenen Regionen gesprochen werden. Die
Bedeutung variiert je nach Region und es kann so viele verschiedene
Interpretationen geben, wie bei den Menschen, die im Norden leben.
Das klingt nicht nach ähnlichen Sprachen. Nein, das ist die nordische Art,
das Leben zu sehen. Die Region färbt also unsere Sprache, jeder kleine
Unterschied in den gesprochenen Wörtern, aber die Bedeutung ist dieselbe.
Ich erkläre, dass unterschiedliche Menschen unterschiedliche Hintergründe
haben, um dieselben Formulierungen zu verwenden. In der Region ändern
sich das Wetter und die Jahreszeiten, das Alter einer Person, die gelebte
Lebensspanne, die intellektuellen Fähigkeiten, wer weniger spricht und wer
viel erzählt. Je toleranter die andere Person mit uns spricht, desto besser
verstehen wir einander. Dies hängt nicht davon ab, wie viel wir sprechen
oder wie wir gekleidet sind. Manche **Menschen werden oft verstanden,
wenn wir sie anlächeln**. Ich würde gerne mehr mit solchen Leuten reden,
aber ich bin nicht reich genug, um zu reisen, und ich bin nicht in der Lage,
den Preis dafür zu zahlen, mit meinem Rucksack und meinem Hund
umherzuwandern und wie ein Wikinger im Freien zu schlafen, weil meine
Natur dafür nicht stark genug ist, um alle Länder und Menschen
kennenzulernen. Ja, wir sind nicht auf der Flucht, aber das ist gut so, denn
wer reist, zahlt den Preis größerer Einsamkeit, weil er immer noch die
Strapazen des Überlebens durchmacht und allein dafür verantwortlich ist.

Die Engländer machen das Gleiche. Der Norden ist für sie das, was
zwischen London und Schottland liegt. ? Sie glauben auch, dass der
Hadrianswall die Grenze ist. Ziemlich bizarr, da es vollständig in England
liegt. Ich habe es nicht gesehen. Meine Reise nach England endete jedoch

gleich nach meiner Landung, als mir die Beamten in der Nacht die Einreise ohne Geld und Adresse verweigerten, und ich glaube, ich hatte auch keine Papiere. ja, ist das nicht lustig??? das ist ein niedlicher Anblick, ein anderes Universum als viele andere! Sie denken auch, dass der Hadrianswall die Grenze ist. Wir haben hier auch so eine kleine Wikinger Mauer, die einst die Wikinger vor allen südlichen Wanderern schützte, die auf Geschäftsreise kamen. Sie wird Dannewerk Mauer genannt. Wenn die Wikinger umherreisten, brachten sie also immer eine kleine Mauer mit, um sich sicher zu fühlen und sich an Zuhause zu erinnern. Nee, das sieht in unserer Landschaft eher wie ein Damm aus, man kann eine Weile darauf zwischen kleinen Bäumen und Feldern links und Feldern rechts laufen, diese Mauer war eher ein Symbol, glaube ich, dieser Damm und die Mauer wurden verwendet, um die Wellen der Reisenden aufzuhalten, ich glaube, um ihnen hier am Ort Geschäftigkeit zu verschaffen. Wir haben Steine von der DDR Mauer ! Darüber, wie viele Mauern wir um uns herum haben mussten, sollten wir besser nicht diskutieren.

Soll ich **satirische Zeitungstexte** veröffentlichen ?
Kann ich der Leute Hunde ausführen ?
Vielleicht auch für Betroffene **Grabreden verfassen** ?
Meinetwegen würd ich auch **Äpfel verkaufen** ?
Nebenbei **spielte ich auch Billard** und spielte Karten.
Philosophen und Poeten wie ich haben die wenigsten
Chancen am Geldverdienen teilzunehmen !
Wenn ich heute noch versuche, mich zu rechtfertigen,
nicht auf alte üble Verhaltensweisen
wie Trinken, Reisen, Lästern abzuschweifen,
ich hätte auch noch die Verwerflichkeit
draußen unflätig **Beamte anzusprechen**,
das auch noch von hinten wo er so steht,
"Nein !" Sagt ich sofort wie aus der Pistole geschossen,
"**es fiele mir im Traum nicht ein**, vorher ging ich auf den Hydranten zu,
der sich von mir weniger beim Wasserlassen störte !"

700 nach Chr. waren die Waliser
als Soldaten daran erkennbar,
das Erkennungsmerkmal
der Lauch an der Kleidung,
Männer ohne Lauch hatten nichts getaucht,
es war die Zeit der Lauchzeichen,
statt der Rauchzeichen,
es gab zu der Zeit 200-300 Millionen
Menschen, die Araber haben Seife erfunden,
sie Öl und Lauge miteinander verbanden,
das Rülpsen war die **Whatsapp der Antike**,
Tiergeräusche passten nicht in die Stadt.
Irgendwer hatte damals mal im Gedenken
an die Berliner Mauer selbst
die Berliner Mauer geheiratet,
um sich **Anerkennung im Dorf** zu verschaffen,
war jedes Mittel recht,
nur ist dann irgendwann
diese **Ehe in die Brüche gegangen** !

Kapitel 3, Sieben Emanzen, Misogyne, Fluchtreflexe

Wechseljahre heißt die Partner wechseln
die Hitzewallung lässt uns nackt ums Feuer tanzen
die Gebärmutter ruft aus hier steht für Euch die Gebäroma
keiner der Männer kann mich mehr an Haus und Herd bumsen
ich backe ihnen dann keinen Gebärmutterkuchen mehr
ich bin frei im Kreis auf dem Boden zu liegen
und Nächte durchmachen könnend
auf dem Marktplatz rum spinnen mit den Freunden tanzen.

Ist nun der Drops mal wieder gelutscht ?

2 Eier, geschlagen
2 Tassen Milch
2 Tassen gewürzte Croutons
Kartoffeln in Scheiben
Thunfisch
8 Unzen zerkleinerter Cheddar-Käse
1 Esslöffel getrocknete gehackte Zwiebel
1 Esslöffel getrocknete Petersilie
1 Pfund frisches Krabbenfleisch
Salz und Pfeffer nach Geschmack
¼ Tasse geriebener Parmesankäse

Wenn wir nicht alle ein Leben lang miteinander konkurrieren, dann sind wir am Ende ganz allein. Das soziale Element hat uns Fortschritte gebracht, und das kapitalistische Prinzip will uns wieder zu Neandertalern machen. Die Hälfte der Menschen lebt als Single-Haushalt, daher ist es gewollt, je mehr Wohnungsinventar für mehr Single-Haushalte gekauft wird. Der Mensch ist ein absolutes soziales Wesen, er schüttet Stresshormone aus, wenn er allein ist, dann schwächt das Cortisol das Immunsystem. Wenn Menschen die Einsamkeit satt haben, ist dies gewollt, denn unglückliche Menschen konsumieren mehr. Das Problem ist systembedingt.

Der Kapitalismus führt allein durch seine Grundprinzipien zur Isolation. Die Kleinsten müssen sich messen: "Wer ist der Schönste, der Klügste, der mit den besten Noten?" Alles ist eine Castingshow. Einer von Tausend gewinnt einen Studienplatz, einer von Hundert findet eine Wohnung. Du musst ständig schneller sein und deine Ellbogen zeigen.
Im Circus Maximus entscheidet die ganze Welt. Fünf Prozent an der Spitze profitieren von der Agitation anderer. Jetzt ist nicht der Sieger der Stärkste, sondern der Stärkste, der am besten angepasst ist.

Kämpfen ist nicht die einzige Priorität !

All Billionen süßer Häuschen, die im ganzen Land stehen, sind auf Lügen gebaut, alle ignorieren, dass in jedem Haus eine Verbindung zum Tod besteht. Und wie jeder in seinem Leben täglich lügt, damit man sehen kann, wie viele Lügen sich unter jedem Dach verstecken und das ist garantiert.

Aber wenn sie in festen Mustern leben, würde jeder Schritt davon abweichend ein Gesetz brechen. Es muss schwer sein, in einer solchen Angst zu leben. Die „Normalität" würde brechen. Dies ist die Theorie in den Köpfen all dieser Leute, dass es die Existenz von Angst geben muss, wie ein wildes, unzähmbares Tier mit langen und scharfen Zähnen. Und sie sind sicher im Nichts. Das ist schizophren, wenn man mitten in der Scheiße sitzt und sich damit sicher fühlt. Wenn dann die Spitze eines Hauses direkt auf ihre Köpfe fällt, werden sie sagen

"Und du weißt, ich habe es kommen sehen !"
Sie sind nicht alle gleich nein, es gibt den größten Unterschied in der Art, wie sie von ihren Familien erzogen wurden, das bedeutete, dass sie in unterschiedlichen Lebensauffassungen lebten, die Muster, die Art und Weise, wie Dinge nicht erlaubt sind, der Patriarch regiert, und die Kinder mit unterschiedlicher Liebe empfängt, meistens nur Liebe, für das gewollte Handeln, das macht den tiefen Abgrund zwischen all den Kindern, weil nur die eigene kleine Welt in ihrer Realität existiert. Jedes Haus und jedes Heim hat oft seine eigene Tragödie wie das kleine Heim für den Wahnsinn.

Es passiert sehr selten, die Angst ist unbegründet,
sich vor dem **Fußgeruch eines Phantoms**,
draußen gehend, soziophobisch, aber riechen Füße denn an sich ?
Ich konnte sogar mit siebzehn obdachlos
an der Küste von Genua barfuß gestanden haben,
doch die Schwestern und Brüder der Familie,
die ihren Luxus-Urlaub mit der Fähre nach Korsika
exakt durchzuführen planten, erleichtert, als sie meinen Anblick von Armut
in Genua **endlich zurück gelassen** haben !

- Dan Hawkley - Dr. Pepper (gegr. 1885) fühlte sich
besser und setzte seine öffentliche
Domäne ruhig unter Walt Whitmans #vss365, 52 fort:

Ich #vermache mich dem Dreck,
um aus dem Gras zu wachsen, das ich liebe;
wenn du mich wieder willst, such mich unter deinen Stiefelsohlen.
Ich bleibe irgendwo stehen und warte auf dich.
Mein erster Lauf durch diese Geschichte,
war mein Entkommen aus der Familie, man zwang mich Dreck zu fressen,
was ich freiwillig tat, bis zu dem Tag,
da ich mich mit meinem Geliebten Gras, **woanders aufrichtete und flog**,
der Flug war seltsam und lang, tatsächlich
und sehr komisch war ich gelandet,
aber **ich kam in meinem eigenen Leben an** !

EINVERSTÄNDNIS eines JEDEN bedingt die VERANTWORTUNG !
JEDES Willen starke KIND weiß,
der VERFÜHRER ist zu seinem SCHADEN erdacht !
INTERNET wird JEDEM zum GRÖSSTMÖGLICHEN SCHADEN sein !
Jaaaa, ich weiß, wir Menschen sind Alle EINE FAMILIE,
wer untergeht, indem er sich amerikanischen IT Unternehmen unterwirft,
begeht auch **politischen Tod eingewilligt in Prostitution**,
der betrügt sie ALLE beisammen !

Gleichfalls, wie die Frau schlaufüchsig anbietet,
Millionen zu machen, wer die Wahnsinnswoge Meer
der Gier halber als „Mehr" übersetzt, als Investition einbezieht
kann erst 300.000 einzahlen, dann verspricht die KI
mit allen Hörbüchern garantiert „0" Gewinn zu machen !
Wie ganz ohne Schnaps essen, wisse, trinkst du 1 Li **von seiner Pisse,
gesund zu leben verspricht**, Kostett nur 400 Euro voraus, der Besonderheit
zuliebe, nimmt sich jeder ein Recht heraus, aus Scheiße mach Bonbons !

Spagetti essen ist auch, jedem ein Talent beimessen,
aber **Freundschaft macht sich angeblich auch bezahlt**,
also soll man laut Kompliment gute Summen dafür erstatten,
so schnell als bald möglich, daraus erwächst sich angeblich Potential !

Sugar Daddy ist ein Perverser Kinderficker,
seinen öfter neugeborenen Waisenkindern stellt er dar,
was ihnen an „Liebe" im Leben fehlte, und **benutzt Minderjährige** dazu,
für seinen 20 Dollar Schein sein verkacktes Privatleben durch alles für ihn
wettzumachen.

Spagetti essen klingt wie, nem **falschen Dokument** Glauben schenken,
gehen wir mal auf Wanderschaft, Liebes, aber verlauf dich nicht im
Bewunderer Wald, Ja-sager, Anerkennungs, Zuwendungs, Partnerschafts,
Komplimente, Solidaritätssucher, Coaching WALD, und sieh hin wie
Freundschaft sich nur für **absolut inexistente Menschen oder KI –**
Systeme bezahlt macht ?

Hast du es schon mal probiert? Ohh ich finde das sehr gut.
Nichts schmeckt noch besser als Scheiße ! Ja, die Scheiße zu essen,
bedeutet auch genau das gleiche, das du isst, einen Monat lang aus 1 Topf.
Ich weiß, der Richtige, ist ganz derjenige, der vom goldenen Löffel isst,
dann „Hallo"sagt„**Du gehörst nicht zu mir !**" zur Tür hinaus rennt und mit
aufgeblasener Wange er - sie - es dem Kind vor dem Mund sogar mit dem
„Eis am Stiel !" auf den Mund spuckt **das kostet VIEL MITGEFÜHL !!!**

Jedenfalls nicht in unseren Küstengewässern, Flüssen und Trinkwasser.
Ich weiß, dass der kleine, untersetzte Mittelklasse-Performant nicht mehr als deutsches Denkmal angesehen wird, ... diese Zeiten sind vorbei.
Das ist eine Tatsache. **Aber es hat kein Denkmal hinterlassen !**

Denke mir manchmal so, willst keinen Service anbieten,
die ganze Halle voller Schmeichler,
sie betrunken machen, all die Heuchler,
kommen nur weil es was umsonst gibt,
die geile Schnecke will **nicht heiraten müssen**,
die kalte Platte ließ ich stehen, dem Bären verpasst ich einen Kinnhaken,
ich ließ sauber das Bettlaken, fährt es dran vorbei, die Sexlimousine
die hohe Stimme des "Oh, Gott Schreiers - Ade !"
ganz bescheiden wie ich es seh, dem Kind daraus geboren, kein Käse-Soufflé, dem Pausenbrot kein Vollkornbrot,
dem Handgemachten bisschen Haushalt kein Gebot,
dem kleinen Pimmel keine Duldung, würde mir wie Zeitverschwendung,
brauch' s kein Heiraten den, der andere nur swipte.
Manche Träume sind nicht von sehr hoher Bedeutung. Wir beziehen uns nur auf unsere Befürchtungen, wenn wir uns in einer Sache nicht gut auskennen, lässt unsere Fantasie es zu, es auszuschmücken, was unsere Träume hergeben. Dies sollte aber nicht immer als philosophisch tiefsinnig betrachtet oder sehr ernst genommen sein. Es ist sogar davon abzuraten. Menschen steigern von Natur aus eine Befürchtung in eine Art Panik oder grundsätzliche Angst.
Das entstammt aus der Steinzeit, in der wir uns aus dieser Urangst vor möglichen Gefahren zu schützen wussten. Ich schreibe auch nicht nur Bücher, um meine Wut abzubauen, **wie man es einschätzen mag**, sondern woher soll bitte einer von außen einschätzen können, wen ich beschreibe, woher meine Intuition für ein Buch herstammt, oder warum ich etwas ausdrücke ? Aber darin liegt der Haken. Menschen geraten in einen **Strudel innerster Befürchtung** manchmal hilflos und unausweichlich so tief hinein, dass sie das Gefühl zu ernst nehmen, bis sie in Depressionen verfallen oder suizidal werden. Ich meine die Medien tragen ihren hohen Anteil dazu bei.

Ich habe mittlerweile eine ganze Zahl an Frauen richtig kennengelernt. Darunter versteht sich, dass gerade die lauten, die Fascho-Emanzen nicht viel Geschiss drum machen, weil sie in ihrer stürmischen Art und der Natur zuliebe klar auch schon **an den Falschen geraten** sind. Das macht die leider nur immer verdrossener. Hatte keiner gut "Kirschen Essen" mit ihnen. Hab mir mal ein paar ruhige Gedanken gemacht.

Frauen, die als Fascho-Emanzen verschrien sind, haben **verkorkstes Elternhaus** erlebt. Es gelangen aber immer alle Tatsachen ans Licht. Manche erleben das glatte Gegenteil, und **der Mann erteilt ihnen die Lehre** ihres Lebens. Nicht alle erfahren es, sich den schlappen, wohlhabenden **Ja-sager als Prinzen zu ergattern**, der derart unterdrückt wird, dass er sich in Depressionen windet, und sich ihr kraftlos entwindet. Der Misogyne setzt in dem Fall da an, der Frau die absolute Sicherheit versprechend, die väterliche Vertrautheit, es auf eine jahrelange Partnerschaft ankommen zu lassen. Er plant ihr aber zu gegebenem Zeitpunkt **die Augen zu öffnen**, wenn er sie rigoros fallen lässt. Wenn dies noch gepaart würde mit einer **Eifersuchts-Szene**, ist der Effekt bei ihr potentiell auf die Spitze getrieben, und sie würde keinem Mann in ihrem ganzen Leben mehr verzeihen können, weil sie Männern allgemein die **Schuld für all ihre Emotionen** gibt. Sie hat dann definitiv ihren Schuldigen für das Leben gefunden, **die Männer** !
Ihre Weltsicht verengt sich dabei zusehends, auch alle freien, zufriedenen, intelligenten, gut erzogen, rücksichtsvollen, beruflich erfahrenen, weit gereisten, humorvollen, integren Frauen mit aufrechten Gang werden dadurch zu ihrem **roten Tuch**, ohne diese Frauen jemals gekannt zu haben. Zum Beispiel mit solchen Wut geladenen Emanzen zusammen zu arbeiten, und es geht kein Tag vorbei, an dem sie nicht allen alles ankreiden, über andere Verdachtsmomente aufstellen oder provozieren. Der Weg, der sich vor ihnen auftut, wird kein leichter werden, es scheint, dass sich die Straße vor ihnen verengte, und sie eines Tages darin fest steckten, und ohne Hilfe allein nicht mehr frei kämen, das spielt sich dann zum Zeitpunkt der Mitlife Krise oder dem Rentenantritt deutlich so ab. Die Konfrontation bei Emanzen ereignet sich meist schnell im **Fall von plötzlicher Einsamkeit.**

73

Es wird eben keinem im Leben alles einfach geschenkt.

Mancher hat Menschenkenntnis, erwähnt bei sich, diese Begegnung hätte auch nach Jahren **garantiert ein Ablaufdatum,** und diese Frau wird wieder am Punkt der Tatsache ankommen, als hätte sie ab dann ihre belegten Brötchen für sich selbst zu schmieren, und ihr Sex hat keinen Pokal fürs Wohnzimmer Regal bedeutet, weil sie sich zu früh gefreut hatte, einen **schlauen Mann für einen Dummen zu halten**, den sie aber nicht dressiert. Ab da fallen ihr alle Schuppen von den Augen, und sie erkennt sie hat den absolut falschen Beruf gewählt, weil **nicht alle Leute** das alles von den Fascho-Emanzen im Sozialen Arbeitsfeld kritiklos für bewundernswert halten, um ihr dann noch zeitlebens den roten Teppich ausrollen. Darüber muss sie dann ab diesem Moment ihre rasende Eifersucht wahrnehmen, dies ihre Beziehung zerstört und sie **sich selbst blenden ließ** von Gier nach Anerkennung, Aufmerksamkeit, Berühmtheit und in der Show in Echtheit groß aufzugehen ! Misogyne ernten Beifall, wenn sie solcherlei demonstrieren, je mehr die Frauen sich über sie ärgern, da die Frauen ihre **Emotionen nicht im Griff** haben, laufen sie genau in jedes Feuer wie ein Auto geradewegs auf die Mauer zu, ohne vorher abzubremsen.

Aber ich begreife, du hattest oft gemeinsam mit mir gelacht, und hattest auch einsam geweint. Diese eine Frau, die über mir wohnt, ist eine alternde seelisch Kranke, ganz egal worauf deren Problematik beruht, es interessiert mich nicht. Niemand wollte mit so einer Person die Nachbarschaft teilen müssen, auf gar keinen Fall. Was ich erkenne ist, sie lebt mit betreuten Einrichtungen therapeutisch in Kontakt, und isst außer Haus, arbeitete nie. Die Einrichtung hat ihre Wohnung für sie angemietet, also ist sie unantastbar und unangreifbar, quasi deshalb in diesem Wissen weiß sie, sie darf sich an mir ohne Beweise bereits neun Jahre ungestört an meiner Anwesenheit darunter demütigend abreagieren fast jeden Tag und jede Nacht. Man kann ihr nicht beikommen. Sie geht in Kleidern als sei sie einundzwanzig Jahre alt, trägt ein Rucksäckchen wie ihre kleine Schultasche, trägt von ihrer Betreuungsstätte Tütenweise Naschkram, Bastelsachen, Luftballons und Geschenke nach hause, und schiebt noch hinzu alles in einem Rollkoffer nachhause. Doch so unschuldig klein wie sie sich darstellt mit den Hosen und Hochwasser und dem Jungenmützchen, sie ist tatsächlich geschätzte annähernd fünfzig Jahre alt oder geht bereits auf die sechzig zu, also ist sie so jung wie sie sich selber hält absolut nicht mehr. Angespannt grüßt sie nie, scheut die Nachbarschaft. Unschuld vom Lande, die sie vorgibt zu sein, ist eine lächerliche Grimasse unter reiner Schau.

Ich bestimme nur noch darüber,
wer mir als Freund als Arschloch begegnet,
und nicht welche Arschlöcher mich gerne zukünftig kennen wollten !

Wer Arschloch spielt, wird erzogen oder wird ignoriert. Ich brachte ihm bei, wie er sich zu benehmen hat. Ich weiß, dass die schlimmste Schuldzuweisung an ein Arschloch immer darin besteht, es zu ignorieren, wissen Sie, wie ich die kranke Madame sehe?

Ich sehe sie jetzt draußen stehen, sie heißt "Gisela", sie altert, bekommt eine Rente umsonst, hat keine Arbeit, aber eine Behindertenvergünstigung, isst draußen, was billiger ist, und denkt immer noch "ohh, ich behalte mein Alter von 29", während ihre Zähne in ihrem Rollator liegen und die Titten darüber

hängen... wissen Sie, warum ich sie dann nicht zu meiner besten
Arschlochfreundin erwählen werde ? Weil ich es nicht muss !
Dem Alpha wurde zugeteilt der Verband von Lernschwacher,
wenn sein Zuhause genug Geld hat, zumindest "Geld wie Öl"
man frisst die ganze Zeit, dann sagt die Raupe "sie sei schön",
in seinem Vorsitz sicher galt es, er habe sich militärisch hervor gehoben,
was im Nachhinein als Fake bekannt ward, seine Teilnahme in Vietnam
die Soldaten draus rettend, war schlichtweg erfunden,
was sich George W. Busch eingestand, aber er war Präsident für die Show
den lokalen Cheerleader Verein gefördert. Davon geh ich aus !

Ist der amerikanische Traum vielleicht
ein Typ, der davon träumt, Callboy zu sein?
Ist es bekannt, dass es eine Legende für asiatische, vietnamesische Frauen
gibt, die man als Geliebte von US-Veteranen bezeichnet,
oder ist es der heilige Tag der männlichen Fee,
die man dort drüben als Feenprinzen antrifft?
Ist der Amerikaner ein leidenschaftlicher Fan
von Zirkusarenen und römischen Kämpfen?
Ist er vielleicht ein Freund der Oktopusse?
Ist der amerikanische Männertyp es, zu kuscheln, bis der Arzt kommt?
Genauso stellt sich nicht die Frage,
nach dem Wesen, das in Schottland gefunden wurde,
sei ein Urzeit Ungeheuer, das wahre Ungeheuer,
fragt man die Frau beim Frauenarzt, ist der Gynäkologische Stuhl,
daraus folgerte die Frau, fand man am Ufer des Sees einen solchen Stuhl,
der radioaktiv war, weil das Ungeheuer fürs Loch
also Loch Ness getauft wurde.

Kapitel 4, Hafen der Ehe

Es gibt auch bei uns Landstriche
wo die Leute sich nicht so viel
für Buchstaben interessierten,
deshalb braucht es auch keine Post, und keine Brieftaube,
und keinen Zusteller, der sich abmüht,
sein Fahrrad überall hin zu bewegen.
Es sind Analphabeten, die ganz gut ohne
das heißt sich anders verständigen können.
Sie machen Musik.
Auch ist die Gedankenübertragung darin ganz eigen,
es kostet keinen Heller und hilft.

Wenn du Demütigungen ausgesetzt bist, suche den Sohn des Löwen, er ist
der einzige, der an deiner Seite steht.
sagt der Philosoph Ahmim.mourad

Ich weiß, dieser Sohn ist mein Sohn. Er ist einer dieser Söhne des Löwen.
Er ist meine einzige Familie und mein einziger Beschützer. Er ist ein
Frauenheld, wie ich ihn kenne.
-Heike Thieme - Ylva -

Vor heute habe ich nicht darüber nachgedacht,
was ein Leben ausmacht, ohne eine Adresse zu leben ?
An Sammelstellen Post zu teilen. Mehr nicht.
Das ist ungemein friedlich der Gedanke ganz und gar ohne
Bürokratie und Amtsgetue !
Von Vögeln beobachtet zu werden, ist nicht solch eine Angst,
wie die Befreiung zu fühlen,
von der Familie anderer Leute ausgetauscht zu werden ....
ich befürchte nicht einmal im nassen duftenden Gras
von dicken Schnecken heimgesucht
in der Regel nicht im Winter einfach daliegen zu können.

79

Ich meine Karaoke - Singen
hält den Rekord im Dauersingen nicht,
denn Glasnudeln kochen weit mehr verbreitet,
der Asiat liebt vorrangig die Schärfe in Suppe,
der Fehlstart Führerscheinprüfung kein Thema,
es fahren gar nicht mehr alle Auto,
Rekordhalter im Fische ausnehmen braucht's nicht,
erstens kaum Saison,
zweitens Wetterphänomene,
drittens Überfischung,
viertens Tourismus Effekt bleibt aus,
weil aber auch Pokern im Dunkeln weit verpönt ist,
hat dies keinen Pokal verdient !

Frauen, die dem verkorksten Elternhaus wohl weißlich ins Wohlhabende
entfliehen. Haben nur dem Schein nach einen Retter gefunden, aber alles
Materielle verstummt, und sie erleben, wie sich die Flucht ins zu Habende,
und all die hübsch geborenen Kinder, nur eine Ausrede dafür sind, dass sie
zuvor nicht begannen sich zu konfrontieren. Wer also dem Elternhaus in die
Ehe entflieht, ist immer irgendwann allein. Entweder indem der zunächst
noch unerfahrene Mann sich von ihr entfernte um fremdzugehen, oder auch
indem der Frau ihr Karussell bewusst wird, und die lieben Kinderchen sich
zu den gleichen oberflächlichen, verwöhnten, eitlen, Herz kalten Wesen
entwickeln, vor denen sie einst floh. Sie erlebt, wie wiederum ein ihr
ähnliches Nachbarmädchen, dass vor der schlechten Schweinsfamilie viele
Jahre lang um Zuflucht bittet, um Schutz, um seelische Gesundheit,
Anklang, und ein bisschen Liebe, und einen Raum für nicht beschädigte
Kindheit, dass diese Mutter sich in dem Mädchen selbst wieder erkennt, die
zeitlebens kurz vor dem Absaufen stand. Und wenn es sich für das Kind
zum Guten benannte, sie adoptiert das Kind und nimmt es zeitlebens unter
ihrem Schwur mit unter den Rock, weil emotionaler Schutz bei jemandem
aufgehoben zu sein, einfach jedes Kind bedarf, soviel Verantwortung hat sie
sich zur stillschweigenden Lebensaufgabe gemacht, wobei ihre eigenen
Kinder unfähig waren ihren Luxus zu teilen, sich die Herzen verschlossen,

und die Mutter sie alsbald so weit wie möglich weg wünschte, bis sie auch gegangen waren, aus dem Auge und aus dem Sinn !

Die Friesen kaufen ihre Spielkarten immer fertig gemischt im Gemischtwarenhimmel.

Männer mischen meist so lapidar.
Frauen mit ihren feineren Fingern mischen hochkantig.

Die Japaner mischen einhändig und fotografieren mit der anderen.

Zauberer mischen eher so prollig für die Show.

Die Fingerfertigkeit ist aber seit jeher überflüssig, denn es gibt die Zungenfertigkeit.

Wenn man in Deutschland vielleicht unter Partnerschaft etwas versteht, dass sich auf den toten Märchenprinzen bezieht, aus dessen Gedärm die Frau sich in Kleinarbeit wieder ihren vermaledeiten Ehering zurück bezieht, als Operation am Mann gesehen. Dann erspare ich mir das Angebot lieber einen Deutschen heiraten zu müssen.

Kapitel 5, Psychopathie weiblicher Form

Der der herausfordert hat meist die Wahl der Waffen,
ob Degen, Pistole, Pfeil u. Bogen, Axt
Schusswaffen nur begrenzte Zeit erlaubt,
es dauert vielleicht besonders lange,
ein Tier einfach totzuschlagen, in einem Volk von Jägern ?
Deshalb ist dort in Kanada das staatlich festgelegt,
aber ob Franzosen 1967 noch lebende Singvögel zum Essen servierten ?

Man hat das Prinzip Unterhose sehr schnell durchschaut,
wozu bedecken, was so komplex ist, wer trägt sie noch ?
Stink langweilig ist die Unterhose mit dem Sauerteig verbunden,
formuliert mit heißem Herzen falsch zu liegen,
vom Künstler belegt, Echtheits – zertifiziert, wer dies ausstellte, mein Veto,
denn meine Hose ist für keinen ein Museum !

Hat ein ungeliebtes Mädchen keine Gute Fee erfahren, die sie zeitlebens
schützt, wird der anfängliche Zucker sich um ihr Herz sammeln und zu
dickem festen Kandis verhärten wie ein Gefangenendasein in der eigenen
Brust. Vielleicht steckt im negativen Sinne hinter der Trutzburg, die sich
eine Fascho-Emanze mit Titten und Charme zu ergattern sucht, mit einem
Gatten auf die Insel der Träume geheiratet, ins wohl gemach, dass diese
Frau immer sehr schnell die unvorbereitete Einsamkeit einholt. Diese
Lebenslüge dort in der Burg gefangen, als Konkurrenz gegen die eigene
Tochter projiziert, die der Mutter Kälte allein aufs Festland entflieht, und
auf der Flucht blindlings dem ersten besten Psychopathen in die Arme fiel,
der ihr vorspielt, wie schön, wie warm, wie stark, wie familiär es mit ihm
ist, bis die Maske fällt, und der Penner gar nichts auf die Reihe kriegt sogar
einen Rosenkrieg um Besitzanspruch ums Kind beginnt. Damit ist gemeint,
ist eine Frau, anspruchsvoll, auf Liebe aus, gern wohlhabend leben will,
nicht arbeiten will, dominant ist, ungnädig bei Widerworten, ungeduldig, zu
früh geschwängert, sich über ihre Emotionen nicht im Klaren, hat sich nicht
im Griff, und beklagt ein schlechtes Elternhaus gehabt zu haben, was der

arme Mann und die Kinder zeitlebens darum an ihr gut machen müssen. Sie schickt auf Mann und Kind ihre ganze Ladung Beschwernis und unverarbeitete Kindheit, um sich damit selbst zu befreien, und diese Negation abzuwälzen, um in das Leben anderer weiterzugeben. Diese Frau schützt nie die eigenen Kinder, sondern denkt nur an sich, will sich feiern lassen, als ewig zu respektieren das Muttertier. Die Tochter flieht, arbeitet hart und erlangt kein Gewicht. Die Mutter auf der Insel bleibt, wohlbeleibt, ein gnädiger Mensch. Eine Frau, die psychopathische Züge zeigt und sich für unersetzlich hält. Darum spricht die Tochter erst einen Mann an, der dieselben Lügen offenbart und mit ihr spielt, die Trennung folgt, um wieder ein Monster abzuschütteln. Weil viele Menschen für schlechte Absicht verführbar sind, fliehen sie in Scheinwelten, erlegen den Dämonen, indem sie anderen außenstehenden Schaden zufügen. Sie fliehen und sind nur der Macht der Zerstörung zuliebe folgsame, angepasste Schauspieler, die ihr angebliches Gesicht in der Harmlosigkeit wähnen, ihrer Lebenslüge nicht ausweichen können. Sie reagieren blitzartig böse, wenn ein Floh hustet, oder etwas über ihre Leber gekrochen kommt, ein Furz im Darm stecken bleibt, ihre Beschäftigung im Alltag Unzufriedenheit bedeutet. Dann erntet der unschuldige Nachbar den grundsätzlichen Verdacht für alles verantwortlich zu sein, was ihnen ein Unwohlsein auslöst. Als seien alle Menschen mit Krokodilen vergleichbar, die in jeder Grotte nur darauf warten seit tausenden von Jahren, die Angst besetzte Person zu verschlingen, nur weil sie in der Höhle nach Schutz gesucht. Darum sagte ich mir im Leben immer, ich werde mir erst wohl gemacht auch wenn es lange Zeit bedarf meiner Selbst und der wahren inneren Stimme bewusst, die mir die echte Mutter zeigt, die es gut mit mir meint, mein Leben darauf einrichten. Daraus entsteht erst die Einsicht über die gelebten Emotionen. Daraus verflüchtigt sich jede körperlich abgelagerte Angst, die den Menschen verlässt wie ein Dämon, gegen den man lange kämpft. Jeder Mensch hat dies mit sich im Leben einmal zu durchleben. Damit schaffte ich mir meinen Anspruch, einen Partner erst vors Auge zu halten und mich gleichfalls charakterlich wahrzunehmen. Das ist Gesundung in jeder Beziehung ! Stoff für ganze Epen ! Und es hilft jeder Dramatik im Leben die Schärfe zu nehmen.

Kapitel 6, Fliegen, Fallen, Lieben, Fallen, Schutz, Achtsamkeit

Las Esposas, ...
die Lautstarken !
Gegessen wird zuhause,
abgeschlossene Ehe in der Truhe,
angehörig ist wer distanziert betrachtet,
gar nicht festzulegen,
verwahrt für schlechtere Zeiten,
ist die Ehefrau gut in der Tupper-Truhe,
befinden sich die meisten doch
in der Truhe... losigkeit,
wer Sex in Handschellen mag,
droht damit die Ehefrau rauszuholen,
ich lasse auch meinen Hund laufen,
ohne ihn lautmalerisch anzumahnen,
er müsse bei Fuß mit mir gehen,
die Ausstellung der exponierenden Frau,
darauf wartend, wie gut sie geschätzt würde.

auf der Straße, nackter Betrug, jung obdachlos, Abflug, Stern des Nordens,
ausgegrenzt, aufgenommen hinterm Mond. Wir sehen, es ist ein nasser
Sommer dieses Jahr. Wir hatten das Wetter anscheinend gespürt. An eben
diesem Tag, an dem ich meinem Anwalt den Bericht mit den Unterlagen
über die letzten vier Wochen gab und ein Freund, der Zeuge war, dies
unterschrieb, rief ich sofort den Vermieter an, und wie ich vermutete, gab es
dort eine spezielle Akte für die Kranke, mit einer Nummer, unter der man
den Betreuer erreichen konnte. Sie bekam definitiv ein hartes Wort gesagt,
denn seit Dienstag habe ich hier wieder Ruhe gefunden und kann schlafen.
Das ließ mich so entspannen und in so tiefe Ruhe versinken, dass ich die
ganze Woche über zu müde war, wie andere auch. Vor zwei Tagen gingen
wir endlich wieder schwimmen, in dieser Zeit zwischen Wind und Regen,
und gestern gingen wir wieder in dieser Zeit zwischen Wind und Regen
nach draußen. Wir scheinen die Steine dazwischen zu spüren, und die Natur

ist unglaublich dankbar für das Wasser. Rassisten wie man sieht, sind weit verbreitet in der Welt. Sie sind keine besonders hervor stechenden Persönlichkeiten, wenn sie es dennoch wollen. Ich rate ihnen immer, sich besser nicht mit normalen Leuten wie mir zu befassen, dann können sie bald wohl ihren Frieden finden.

Fliegen, Fallen, kann man im Anblick von Menschen anderer Kulturen, im Unverständnis, aber im gleichen Moment eine kalte typisch westliche Weise an den Tag legend, die man Ausbeutermentalität nennt. Indem Leute sich ohne Ethik kaltschnäuzig über andere Völker hermachen, oder die Grenzen versetzen, imperialistisch, pragmatisch vorgehen, indem sie deren Frauen erst mal prostituieren, und dann umerziehen, nach eigenem Gutdünken. Einfach weil das Land bestimmte eigene Schätze birgt, die Geschäftsmodellen entspricht, schnelles Geld zu machen.

Lieben, Fallen, stellt man es hin, als die Liebe an sich, die es zu finden galt, weil angeblich jeder Topf einen Deckel braucht. Je mehr man der Liebe aber Glauben schenkt, desto tiefer gelangen Menschen in die Scheiße, aus der sie nie mehr raus finden werden. Was einer allein findet, wenn er blindlings suchte, ist nur die Bestätigung seiner Zweifel, Befürchtungen und anerzogenen schlechten Vorbilder. Man ahnt erst nach zahllosen Misserfolgen, dass sich meistens unterbewusst diese Urangst bestätigt, und man erst lernen muss, sich allein zu behaupten. Wer von außen ernst genommen wird, erfährt den Schutz, den er brauchte. Wer selbst achtsam mit dem Leben umgeht, erfährt Achtsamkeit seiner Person gegenüber. Solange man die Prinzipien nicht beachtet sich in der Gesellschaft zu bewegen, wird auch keine Pluspunkte sammeln, seine Zukunft auszugestalten. Liebe erfährt keiner, der sich den korrupten Gedanken anschließt, sondern tief darin fallen. Ich hab jemand damals gesagt, „Solange es brauchte, bis du wieder auf die Füße kommst solange konfrontierte ich mich mit allem, was dein Leid betrifft ! Heute seh ich das nach zwei Jahren später für mich ähnlich... !

Also dich kennen gelernt zu haben, war auch für mich ein SEGEN ! Ich danke dir dafür, dass es dich gibt. Ich bin mir gewahr geworden, dass unser beider Leben für beide von uns eine Schicksalswende bedeutet hat. Wir sind zusammen auf eine eigene bessere Zukunft angelangt. Wir hatten es auf unser beider Art und Kunst bewältigt, den elterlichen und kindhaften Traumata ein Ende zu bereiten, was unseren Körper verlassen hat, wie einen Fluch, einfach aus dem Grund raus, weil du und ich in der Lage waren, uns dem Sturm zu stellen, der uns in der Konfrontation solange entgegen blies, bis uns alle Angst über einen Neuanfang verlassen hat. Auch ich danke dir dafür ! Dein Scheiß hatte mich betroffen gemacht und umgekehrt, das hat uns beiden vieles gelehrt."

Kinder sehen nicht auf die Wolke und assoziieren das mit Weltuntergang.
Kinder erleben das Meeresrauschen und nennen es nur Erdgeräusch.
Kinder spüren gute Laune und machen keinen Plan für morgen.
Kinder erfahren erleuchtende Momente und halten dies für Normalität.
Kinder müssen aus Distanz lernen und schützen deren innere Welt selbst.
Kinder teilen keine Menschen ein,schätzen sie in Alter,Gewicht, Geschlecht.
Kinder wollen nur Kinder sein und erfahren keine Orte, um laut zu werden.
Kinder werden von der Welle Verkehr verschluckt
und die Welt sorgt sich um den Lack des Autos.
Kinder sehen ihre nackten runden Zehen
und planen keinen mit hochhackigen Pömps
und spitzer Nase, gerümpften Blicken,
diebischer Schadenfreude, täglichem Suff,
der Unterscheidung zwischen gut oder schlecht,
dem Ideal eines Einzelnen zu folgen,
weil Denken und eigene Begriffe bilden
für die anderen zu anstrengend sind.

Früher war alles besser,

denkt ihr dran, was der Satz euch sagt,

denkt an mein Flötenspiel,

andere Zeit ich erinner mich an die als Deern, die nicht starb

war verbrannt und lag dann im Grab

da war nicht alles besser, die Prüfung zu bestehen hieß

beim Ersäufen nicht zu ertrinken

die Musik das Flötenspiel war hold

auf das sich auch heute die holde Maid daran sich erfreut,

im Spiel, ob die Hexe nun lebt, oder ob sie vor allen fiel.

Heute ist alles viel besser als damals.

Heute ist die Jugend von heute undankbar.

Heute denkt mal eine andere Zeit,

als "damals nach dem kalten Krieg"

man hat da trotz Wohlstand, Arbeit, Saus und Braus

statt frieren zu müssen nur Eltern gehabt,

die ihre Kinder stellenweise arschkalt

aus Mama's Ofenbank vertrieben, und verbannt.

Früher VERBRANNT, heute VERBANNT !

Die Mischung aus Wodka Orange oder die Nichtmischung, Freunde …

ist heute wie Mixen, ahh Mission Impossible!

Ich arme kleine Maus, aus dem Zirkus entronnen.

War beinah umgekommen im Getümmel, gewonnen, wie zerronnen.

Hatt da aber ja immer den BRUDER um mich, der mich aufhob,

der mir Brot gab, der nicht davon stob.

Er hatte nicht viele Worte drum herum,

entweder er legte mich flach, oder sein Gesicht verschwunden.

Weil wo alle verlogen, bis sich die Balken bogen,

da kamen sie immer aus dem selben Nest.

Und eine arme kleine einsame Verlassene wie mich,

bot man die Kirschen auf den Bäumen nicht,

nur das was so dazwischen mal für mich abfällt, nicht ?

Je mehr wir wissen, desto besser. Nein, das ist nicht die Regel, ständig etwas über die Gesellschaft zu lernen. Das ist definitiv nur ein Bewusstsein. Aber je mehr Sie über SIE erfahren, desto wertvoller wird es. Kein einzelner Mann oder Einzelperson wird Ihnen sagen, wie man meditiert, wo man aufhört, wie man praktiziert, das ist nur Ihre Privatsache. Aber nicht mit einem Bildschirm vor Ihrem Gesicht.

Wir haben unsere kleinen Tausend inneren Spione, die uns durch Hunderttausende menschlicher Erfahrungen führen. Das Erbe. Ja, natürlich ist das ein Beweis dafür, dass wir Menschen uns über hunderttausend Jahre entwickelt haben. Was uns heute gegeben wurde, das heißt, unser Charakter wurde in unseren Genen geformt, was wir in unserem Leben weiterführten, aber natürlich mussten wir immer wieder an den Punkten beginnen, an denen wir auf der Erde lebten, um mehr darüber zu erfahren. Eines Tages sollten die Seelenwanderer alle etwas über ihre Seele, ihr ganzes Wesen erfahren ! Mit jeder neuen Veränderung sehen wir diese Wiederholungen von Fehlern in nur einem Leben, wir schärfen unseren Geist, wenn wir sie besser kennen. Wir sind lebendige Archive, und das macht uns frei, aber die Menschen leben in einer Region, in ihrem Wohnort, ihrer Landschaft, ihrer Geschichte, ihrem Glauben und ihrem natürlichen Wesen, das ihrem eigenen entsprechen will, sie achten darauf.

Sagte der Buddha nach seiner Erleuchtung nicht:
„Danach kann ich jeden einzelnen Akt üben und in der Praxis gut sein !"
Ich stehe korrigiert. Also nach eigener meditativer Übung. Ich nutze das nur, um mich zu beruhigen, mich zu zentrieren, dann rieche die Gerüche und sieh die Lichter, seien Sie unbedingt laut und noch aktiver.

Wenn ich gesünder bin, kann ich alle Schmerzen loslassen, mich in meinem innersten Bewusstsein als Freund entspannen, mich viel mehr Einsichten öffnen und den Rhythmus erkennen. Wenn ich älter werde, kenne ich alle meine Zweifel und Ängste und weiß, warum ich davon geträumt habe. Ich kann ohne Hilfe auf meinem Kissen schlafen, atmen und den Atem anhalten, um geduldiger zu sein. Als jemand, der jeden Tag zur Arbeit geht, lohnt es sich. Ich weiß, dass Träume einen an Menschen erinnern, die man schon lange nicht mehr gesehen hat, und dass die Bilder, die man um sie herum sieht, manchmal viel, viel erschreckender wirken als die realen Situationen, denen man begegnet ist, als ob man ihre Situation kennen würde. Erinnerungen sind wie echte Ansichten, aber längst vergessen und die Orte werden verdammt real. Ich nenne sie schlechte und unerwünschte Träume. Ich möchte im Jetzt leben und ich möchte nicht, dass diese alten Menschen auch meine Zukunftsgedanken mit Sorgen belasten. Sie alle sind die ungelöste Lebensmaterie anderer Menschen. Sicher, deine große Fantasie zeigt diese Träume, die ganze Dammlandschaft eines einzigen Kummers, ein riesiges Paket von vielleicht dreißig Gedanken, gesammelt für nur eine Person, so ruhig, klar, kalt, kalt alles zusammen, und ich hatte mehrere in der letzten paar Wochen, das ist nicht gut.

Ich sage auch: „GREIFEN SIE NIEMALS DIE KLEINEN UND SCHWACHEN AN!" Ihr Wort in Gottes Ohr...! Sie wissen nicht, wo der Regenschirm ist, und der Regenschirm kennt Sie nicht. Es tut mir leid, aber Sie kennen die Wahrheit nicht. Oder vielleicht verberge ich die Wahrheit vor Ihnen. Merken Sie sich diese Worte Ihr ganzes Leben lang. Vielleicht ist der Mann auch dazu bestimmt, der Frau die Wahrheit zu verbergen und sie bei der Begegnung vor der Frau zu verheimlichen. Aber so unschuldig klein sie mit ihren Hosen und High Heels und ihrer jungenhaften Mütze erscheint, wird sie tatsächlich auf etwa fünfzig Jahre geschätzt oder geht bereits auf die Sechzig zu, ist also definitiv nicht so jung, wie sie denkt. Sie grüßt nie, ist angespannt, scheut die Nachbarschaft. Die ländliche Unschuld, die sie vorgibt zu sein, ist eine lächerliche Fratze unter reiner Show.

Ich entscheide nur, wen ich als Arschloch als Freund treffe, und nicht, welche Arschlöcher mich in Zukunft kennenlernen möchten!

Wer ein Arschloch ist, spielt, wird erzogen oder ignoriert. Ich habe ihm beigebracht, wie man sich zu benehmen hat. Ich weiß, dass der schlimmste Weg, einem Arschloch die Schuld zu geben, immer darin besteht, es zu ignorieren. Weißt du, wie ich die kranke Dame sehe? Ich sehe sie jetzt draußen stehen, ihr neuer Name ist „Gisela", sie wird alt, bekommt eine kostenlose Rente, hat keinen Job außer einer Invalidenrente, isst draußen, was billiger ist, und denkt immer noch „ohh, ich behalte mein Alter von 29", mit ihren Zähnen in ihrem Rollator und ihren Titten, die darüber hängen ... weißt du, warum ich sie dann nicht zu meiner besten Arschlochfreundin wählen werde? Weil ich es nicht muss!

In Zeiten des Schmerzes und der Trauer habe ich über jeden Zwillingsfall nachgedacht und jede Wendung im kalten Herzen eines Menschen beobachtet. Es ist mein Vater, der bereits vor mir steht, als der Zwilling, der seinen Zwilling erwürgt hat, und mit herunterhängenden Armen. Warum sollte ich ihm dafür danken? Zwei Fische würden lieber auf zwei Beinen laufen! Wenn es nicht wahr ist, wovon ich überzeugt bin, dass es wahr ist, wird ein Waisenkind seinen Regenschirm im Vorbeigehen sehen ... und ihn erst in einem anderen Leben wiederentdecken!

Dann sage ich Solong, und es ist mir egal, sie werden mich nicht zwingen, dieses kranke Mädchen zu melden, damit ich mich nicht in Gefahr bringe, und wie mir mein guter Anwalt sagte, hätte es für mich keine weiteren Konsequenzen, dieses Mädchen würde sich in den Vordergrund drängen und ich hätte das totale Problem, aber die Wohnungsbaugesellschaft hat vielleicht nichts dagegen unternommen, nichts weiter getan, als darauf zu warten, dass ICH derjenige bin, der geht, als eine Person, die nicht mehr erwünscht ist.

Der einfachste Ausweg für sie ... und zu sagen: „Es ist Sommerzeit!!" Die Gesellschaft weiß wirklich, dass ich nicht die geringste Chance hatte, die kranke Frau legal dazu zu bringen, dem Rat ihrer Betreuer zu folgen, sich zu beruhigen oder zu gehen. Dieses Programm bewirkt das Gegenteil. Es bringt intelligente und im öffentlichen Dienst stehende Menschen wie mich zum Schweigen. Diese Vermieter spielen Gott und werden von der Kirche bezahlt. Wenn diese kranke alte Tussi von oben Macht über alle ausüben will, die unter ihr leben, weiß sie, dass sie freie Hand hatte, also hat sie nicht die Wahrnehmung, um ohne Grund zu verstehen, warum oder wie sinnlos ihre Handlungen sind. Sie hat keinen Grund und nicht die grundlegenden Kommunikationsfähigkeiten, um auf meine häufigen Kommentare zu reagieren. Wissen Sie, jeder Schaden, der jemandem zugefügt wird, wird sich nicht auf ihn auswirken, da er anderen „alles" gegeben hat … aber auf diese kranke Art ist SIE EINFACH EIN MISSBRAUCH DES STAATES. Sie weiß nicht, wie Menschen wie sie davon manipuliert werden. Also sage ich: Mach weiter so und mach dir keine Sorgen und habe keine Angst vor dem, was kommt, und betrachte ihren tragischen Lärm als einen ganz normalen Alltagslärm, den alle Menschen in einem Haus haben. Und ich gerate auch nicht in Panik, denn das wird lange dauern und ich werde ihr vielleicht weiterhin die Schuld dafür geben, indem ich ein Verhalten darüber öffentlich mache. Und vor allem feiere ich jetzt einen schönen Sommer mit guten Gesprächen draußen und Nachbarn, die mich und Mable wirklich mögen, und das kranke Mädchen wird nicht das Thema unserer Gespräche sein. Ich weiß, dass die schlimmste Art, einem Arschloch die Schuld zu geben, immer darin besteht, es zu ignorieren.

Aber ich verstehe, dass du oft mit mir gelacht und auch allein geweint hast. Diese eine Frau, die über mir wohnt, ist eine alternde psychisch kranke Person, egal, was ihr Problem ist, es ist mir egal. Niemand wollte die Nachbarschaft mit so jemandem teilen müssen, unter keinen Umständen. Was ich erkenne, ist, dass sie in therapeutischem Kontakt mit Einrichtungen für betreutes Wohnen lebt und auswärts isst, nie gearbeitet. Die Einrichtung hat ihr die Wohnung gemietet, sie ist also unantastbar und unangreifbar, und mit diesem Wissen weiß sie, dass sie ihre Wut neun Jahre lang fast jeden Tag und jede Nacht ungestört und demütigend an mir auslassen durfte, ohne dass es irgendwelche Beweise gab. An sie kommt man nicht heran. Sie kleidet sich, als wäre sie einundzwanzig, trägt einen Rucksack wie ihre kleine Schultasche, trägt Taschen voller Süßigkeiten, Bastelsachen, Luftballons und Geschenke aus ihrer Kindertagesstätte nach Hause und schiebt alles in einem Rollkoffer nach Hause. Sie sehen eine Frau dort auf der Straße, wenn sie aufrecht steht, ist ihr Gesicht alt geworden. Sie hält wirklich an dieser Erinnerung fest, sehr jung gewesen zu sein, und das Alter zeigt das Gegenteil, nein, ich kenne diese Leute von der Arbeit und sie haben nicht die geringste Ahnung von ihren Stimmungen, Emotionen und Veränderungen, sie reagieren ohne jeden Grund von einem Punkt zum anderen. Sie haben mich als Pufferzone ausgewählt, damit das Mädel seinen emotionalen Außenseiter trainieren und das als seine Art der Heilung bezeichnen kann. Das komische Mädel gehört in die Suppe, aber ihr Alter hat es besser gemacht. Sie muss akzeptieren, kein hübsches junges Mädchen mehr zu sein. Nein, also sage ich, so ein altes Mädel gehört nicht in meine Suppe.

Aber erst auf Distanz bekommt man sein Gefühl zurück.
Da war der kleine Ring, den ich im Sand gefunden habe, die Perlen schimmerten ein wenig blau. Und auch ein Yggdrasil-Ring, zum zweiten Mal an der selben Stelle, das sind Ringe, die gehören mir, wenn ich den Ring nicht einmal abnehme. Der eine kleine Wolf im Ring hatte einmal eine scharfe Spitze und es tat weh, dass ich ihn abnahm, und ich habe einen anderen Ring in meiner Schublade, nur aus Silber, und darin standen das Geburtsdatum und der Name meines Sohnes, ein silberner Ring lässt meine Augen entspannen. Die Leute sehen also, dass diese Frau auch in einer Seelenwanderung die große goldene Zukunft vorspielt zu haben, wenn sie es immer wieder schafft die unter ihr wohnhaften Leute aus dem Haus zu vertreiben, den Psychopathen offen ausgibt zu sein, egal ob in weiblicher oder männlicher Form, sie handeln zwanghaft gleich. Beide werden von Gott auserwählt, aber keiner spürt, dass es mit ihnen hinauf und zurück in die Hölle geht. Echte Freunde sind einfach zu schlau, um sich wie schlechte Menschen zu benehmen ! Darin kann man sie von normalen Menschen unterscheiden. Nach meiner Ansicht und Erfahrung mit Psychopathen, ist meiner Einschätzung nach bei dieser Klientel einfach zu beobachten, dass sie in Wahrheit echte Stümper sind. Ihr großer Traum war ausgeträumt.
Als ich sie in mitten unseres Hausflurs eines Morgens früh im Beisein einer ihrer Betreuer, als neutraler Unbekannter offen erläuterte, wie diese Person mich seit so vielen Jahren demütigt und Lärm belästigt, also mir das Leben schwer macht, obwohl ich keinerlei Option hätte hier auszuziehen, und ihr mehrfach ausdrückte, dass ich ihr nichts will oder antun wollte, mit der Ansage von Konsequenzen wenn sie das jetzt richtig verstehen wollte.

Dies ist die Gefahr für alle Menschen, ob Mann oder Frau, wenn sie mit einem glänzenden, hellen und großen Herzen in Berührung kommen, werden sie alle zum Narren gehalten. Und von heute an lasse ich sie wie einen feuchten Drecklappen in der Rinne liegen, jeder kann von weitem riechen, wohin die Schafe gehen. Raubtiere. Soll sie sich doch von solchen am besten zerfleischen lassen. Ich hab mit dieser Person nichts zu tun !

Das ist paradox, wenn Menschen wissen, dass das Privileg des Lebens, das ihnen geschenkt wurde, da sie nicht missbraucht wurden, wenn man das Glück hatte und dennoch nicht auf der gleichen Seite wie die Opfer stand. Andererseits ist diese behinderte Frau nicht Herr ihres Realitäts- bewusstseins, jedenfalls in ihrer Wahrnehmung stark abweichend von der Normalwelt.

Ich kenne viele Menschen, im Wissen, nicht über alle die ganze Wahrheit zu wissen und auch nicht kennen zu wollen. Sie sehen, das ist menschlich ! Aber in ihrem Fall, versucht sie den ganzen Spieß umzudrehen, mir das Leben schwer zu machen, da sie von Betreuung abhängig ist, und mit ihrem Leben wahrscheinlich sehr unzufrieden, weil sie nicht selbst bestimmt ist. Aber es ist und bleibt mir trotzdem egal.

Mittelalter von 500 bis 1500 Geh mal in die Walachei, geht die Stadt am Arsch vorbei. Gehst hinüber ins Stille Land. Vorbei am Schloss des Königs. Stehst so an dessen Wand, im Gewand. Wolltest vermeiden, das was von oben kam aufzufangen. Schwingst dessen Fahne um die Ohren. Ließest einen fahren, weg war er geflogen. Siehst sie nicht geschmeidige Frauen. Gingen nur in Tuchfetzen Dung auflesen. Welch ein König, der Brille trug, und man denen die Brille trugen, aufs Maul gegeben, man nannte es, "Halt's Maul !" vom Pöbel !

SEX Grusel, aber zeigt nicht aus Quellen, dass erzwungene Keuschheit mit Mösen-Gürtel existierte, schier nicht machbar das Ganze, aber im Umkehr Sinne war möglich, dass bei Abwesenheit des Mannes, der fachgetreue Dildo die meiste Zeit die Damen allein bei Frauen Dienste bot !

94

Kapitel 7, Der Wankelmütige

DANKE FÜR DEN SCHWIMMKURS !
Meiner Ansicht nach... gehört der Wettbewerb
wie auch Schwimmkurs für Kinder hinzu, weil Kinder
zuerst soviel Chlorwasser saufen, wieder ausspucken müssen,
und immer wieder hinab tauchen im zugepissten Wasserbecken,
damit sie das zeitlebens nie wieder vergessen,
weil nichts macht einen härter, als in Dreck absaufen,
was eine Pissbrühe das war, in der sie "schwimmen" lernten !

Noodling ist einesteils wie ich es sehe,
exzessives Abhängen am Pool, mit langen Beinen, engem Slip,
ein bisschen gepuschte Busen, alle in einer Reihe angebracht,
zur Fleischbeschau für Heiratswillige,
die zeitlebens nirgendwo anders auf "echte" Frauen treffen,
aus Zeitgründen oder aus Überarbeitung,
diese Damen sind äußerst sexuell unterfordert,
wie man annimmt, deshalb nudeln sie gerne,
Mann kann sie quasi mit bloßer Hand vom Schwimmbecken abfangen,
außer es sind um sich schlagende Schwimm Nudeln !
Wir gehen ans Wasser, greifen einmal hinein,
fangen uns wie die Nudel des Meeres mit dem Arm ins Wasser den AAL,
weil er so einfach zu fangen geht, der Sinn der Sache,
ob einer bei Regen Schwimmen geht oder es bleiben lässt, ist doch egal !

Ist eine Diagnose von jungen Menschen „Trinker" zerreißt es einem das
Herz, dies mit anzusehen. Es ist nur selten, dass die zur Familie den Kontakt
aufrecht erhalten. Sie sind in dem Fall eines Tages der Rettungsschirm, falls
wieder Ernüchterung eintrifft, weil meist das zugrunde liegende Trauma in
der Kindheit also im Elternhaus liegt. Der Mensch schaffte sich nicht von
seinem Heimatort zu lösen, nicht vom Elternhaus und drang in die Welt von
Drogen, um zu verdrängen. Es kann nur durch den Zufall und zum rechten
Zeitpunkt, der richtige Mensch und Freund, diese Fähigkeit haben, und

Stabilität, diesem Trauma zu begegnen. Den Ansturm der Gefühle und Ausbruch der Emotionen, diese immense Erkenntnis des Verlusts seines Normallebens vieler Jahre, die Grausamkeit dieser Konfrontation und die Kritik an seiner Person, aufgrund all seiner Fehler, ist ein Sturm, dem der Adler nicht widersteht, in dem er geht. Wer das erlebte, erfährt durch Rückgrat allein einen Menschen zu retten, der daraufhin sein komplettes Leben umkrempelt. Man kann ihn dann quasi als „geheilt" entlassen, weil er sogar Dankbarkeit zum Leben empfindet und für diese Chance weiter lebt. Aber diese Chance ist nicht weit verbreitet jedem gegeben, denn ein einfacher körperlicher Entzug sagt gar nichts. Es ist die Psyche, die dahinter steckt, und abhängt von der Kraft sich gegen die Mächte aufzubäumen, sei es am besten durch Musikalität, familiären bedingungslosen Rückhalt, schweigsame Kollegen, geduldige Freunde, und Menschen, die an einen glauben, egal wie lange es dauert.

Wer es aber auf die leichte Schulter nimmt, und fast für den Rest der Jahre nur auf der Straße schafft, vom Alkohol nicht mehr loszukommen, kann mit der Tatsache leben, dass ein Ende bald vielleicht, auch schneller als man denkt, im Tierheim endet, also der Endstation für Pflegefälle, wo die Leute aufgenommen werden, die es allein nicht mehr geschafft haben. Die einen forderten vielleicht eine Zeit lang das Schicksal heraus, aber sie waren immer produktiv, sei es in der Kunst, einem genutzten Proberaum, der gepflegten Nachbarschaft, die Familie oder Kinder der Geschwister, ein schöner Garten als Rückzug, Jahre der Kontinuität, auch als Arschloch in der Liebe, aber eben ehrlich zu allen, aber dann kann selbst ein Jobcenter für einen genau den richtigen Tipp ins Auge fassen, es in eine andere Art von Zukunft zu wagen, mit Geduld, und Schritt für Schritt, und Unterstützung. Seit ich von der Familie verbannt war, wusste ich erst mal genau, bleib nüchtern, bleib wachsam, rede nicht viel, reise, kehr nie wieder zu ihnen zurück, die Familie hatte dies mir eingebrockt, es wird sich weisen. Je weiter ich weg gelangt war, desto mehr war für mich ein Aufatmen spürbar. Ich habe normal reagiert, eher im Hund den Vertrauten gesehen, als im Menschen. Das würde sich eines Tages regeln, dachte ich mir, ich musste nur niemals vergessen, was mir angetan worden war. Die Jahre schafften das

von allein, darüber zu reflektieren, problemlos, Schritt für Schritt, bis ich mehr Erfolg erzielte, als ich es mir in meinen kühnsten Träumen nicht erhoffte. Es musste keinen geben, der mich liebte. Ich wollte nicht ein Kind von einem reichen Mann. Kein ferner Onkel oder feiner Mann würde mir etwas beweisen können, da ich sie in meiner Familie alle kannte, die sich die Frau herzogen, sie zu benutzen und fallen zu lassen, auch mit dem Zuspruch der anderen. Je weiter ich kam, desto weiter ließ ich dieselbe Sorte Mann auch zurück. Das ist Konsequenz, woraus das ganze Leben besteht. Normalität leben können, ohne sich an einen zu binden.
Je eher ich das begriff, desto seltener verletzten mich die Menschen. Nach 45 Jahren Single Dasein endlich löste sich alles von mir ab, diese ganze vermaledeite Familie, und deren Rattenschwanz.
Würden die letzten irgendwann gestorben sein, dann weiß ich, bis ich den Vater selbst restlos verarbeitet habe, braucht es ab jetzt noch zehn Jahre, dann bin ich auch ihn los. Dann werde ich 70. Wo bitte, hat dann je in diesem Menschenleben ein Partner für mich eine Handbreit Lücke in mein Leben gefunden ? Missbrauch hat mir zu diesem Zweck das Leben versaut. Es sei mir nicht vergönnt gewesen. Doch von einer gegenteiligen Illusion, mir einen zu suchen, soweit hat es bei mir niemals kommen müssen.
Man sagt ja schön, lächle niemals einem Schicksalhaften Menschen entgegen, es könnte für dich übel ausgehen !

HIER NOCH EINMAL ZUM ABSCHLUSS mein heutiger schönster GEDANKE für DICH ! Schutz, Achtsamkeit, der Fortgang wiederholt Schicksalsschläge werden erfahren wie Momente auf der Straße, als sei es nackter Betrug, jung obdachlos auf andere angewiesen zu sein, die die Regeln über einen bestimmen, wenn ein Mensch in seiner Wahrnehmung nicht mehr als zurechnungsfähig gilt, den Abflug macht, sich in Behandlung zu begeben, auch gegen seinen Willen, durch Fremd – u. Selbstgefährdung.

Stern des Nordens, sagt man, hielt keine Arme offen, jeden Dahergelaufenen der um Verständnis für eigene Schuld bettelt, nicht mütterlich bei sich aufzunehmen. Es gibt diese Mütter einfach nicht. Wer sich ausgegrenzt vorkommt, muss aus seinem Verhalten lernen, weil aufgenommen wird keiner ohne Gegenleistung, oder er bliebe hinterm Mond. Sein Gesicht öffnet sich auch nicht wenn es altert automatisch, wenn die Kindheit keine echte war, und wenn das Erwachsensein erst im Alter als unüberwindbare Hürde gesehen wird und als ein Riesenverlust, hilflos dazustehen. Wir sollten es dem Wasser gleich machen. Es dreht sich auch zu dir um, um wendet seine Fließrichtung, es geht sogar im Kreis, sodass sich Hände fassen und es uns wie das Wasser miteinander tanzen lässt. Wir sollten nicht um den Schmerz jammern, wenn uns in Nässe friert. Wir sollten erst bis zur Hüfte in Kaltwasser eintauchen, da ruhig und kommentarlos 1 Minute stehen, um uns dann in die Arme des Sees glücklich hinein tragen zu lassen. Das Tier lernt es schnell, wenn andere es ihm vormachen, nur der Mensch verweigert es, sich vom Wasser tragen und vom Element schützen zu lassen. Nein, ich sage ja nicht, dass jemand unbedingt hinein muss.

Es ist so schnell geschehen, dass Menschen sich an Feierabend ins Stadtgetümmel davon treiben lassen, nass von Lärm, Rauch, Mundgeruch, von ungewaschenen Passanten, Hektischem Verkehr, und betäubt vom Alkohol, mit schwacher Blase rennen sie auf öffentliche Toiletten, ungeachtet der Viren auf der Schüssel. Wer sich freiwillig dieser Gefahr aussetzt und sein Geld dafür ausgibt. Wer Angsterfüllt am Ufer eines Sees aufs Wasser blickt, das ruhig vor ihm liegt. Ein von Natur aus sehr ruhiger, balanciert und vorsichtiger Hund schaut auf die Wellen und das Treiben nur etwa zwei mal, doch dann ist er da nicht mehr rauszukriegen, und Hund und Halter haben ihren Spaß zusammen zu schwimmen. Es wird immer im Gehör bleiben, der Ruf der Möwen, der Seeschwalbe, und ein Horizont von Himmel über dem Schwimmer mitsamt den Wolken, als verließe man für einen Moment die Stadt und seine Leute, und man hat wieder etwas von Kindheit erinnert, als es da keinen Zeitbegriff gegeben. Ich erinnere mich, als Kind gab es für mich auch kein nass, trocken, heiß und kalt, solange ich in der Natur war. Diese Unterscheidungen werden nur vom Städter so verinnerlicht und in Verbindung zum Menschen betrachtet, den man ablehnt, ihn sogar für zu belebt hält, widersprüchlich misstrauisch erfahren wird, ein guter Mensch, dem man den Charakter missgönnt, und der Umgang mit kalt und heiß als Ablehnung und Leidenschaft benannt wird, weshalb man die Menschen meidet. Keiner sollte an der Realität seiner Seele zu zweifeln beginnen. Das Bewusstsein ist eine Empfindung, diese geht genauso auch vom Körper aus. Keiner kann definieren, was ich bin. Unsere Identität hängt von unseren Wahrnehmungen ab. Diese braucht keine Anleitung in ein bestimmtes Konzept, weil die Identität nicht aus einem konstanten Ich besteht. Es überdauerte keine Magie, keine Transzendenz, keine Mystik, keine Gotteshand, keine prophetische Erkenntnis, kein Gesetz, kein überstehendes Sein, das, was der Mensch oftmals in seinem Leben an Antworten nicht finden kann. Wir Menschen sind nur ein wandelndes Bündel, das mit der Zeit, die vergeht, und hin durch seine Lebensphasen einer Verwandlung unterzogen ist, die keiner bei jedem Individuum nur als 'Verzweiflung' definieren sollte.

Sie wurde als Kleinkind von ihrer Familie getrennt und zu einer unaufhaltsamen Kriegerin erzogen. Aber zu welchem Zweck? Während Sakus Macht zunimmt und sie beginnt, die vier Elemente Erde, Wind, Feuer und Wasser zu beherrschen, sucht sie nach Antworten auf diese alles entscheidende Frage. Und sie wird erfahren, dass es jenseits der Elemente etwas gibt – die Leere. Wenn sie lernt, die Leere zu binden, kann sie nichts mehr aufhalten.

Reisender auf langen Wegen. Draußen abhängig. Das bist du garantiert nicht. Du machst uns das Außergewöhnliche vor, dass Menschen sich noch selbst versorgen. Du zeigst wie ein Mann allein selber gut mir sich klar kommt. Du beweist die stabile Ausdauer eines Trappers. Du zweifelst am aller geringsten an dir selbst. Das wird sich in deiner Psyche anhand aller Erfahrungen und Begegnungen, die du hattest, gut zum Buch führen, als ein Schatz von Sonne, Wind, Erde und Gerüchen angereichert. Du baust dir ein menschliches Konto auf, wovon andere in Romantischen Filmen träumen. Du hast erkannt, dass die Sonnenseiten des Lebens in einem einzigen Menschenleben leider viel zu kurz und selten sind. Ich glaube fest, dass du dennoch nicht verlernen wirst, unter Menschen zu sein ! Klar weißt du, wenn du wieder zum Norden kommst, dass du bei mir immer ein leckeres Essen erhältst, das steht ganz außer Frage, wenn man in der kurzen Besuchszeit zu allem Gewesenen in der Zwischenzeit klar wieder was zu berichten hat, und auf beiden Seiten. Siehst du, ich verstehe, deine Naturverbundenheit ist dein Ideal geworden, und ich werde mich tunlichst davor bewahren, einem Freund das mit starkem Willen Erworbene wegnehmen zu wollen, das macht man in den besten Familien nicht !

Fitness für Erwachsene, hoahahahah, mit dem Spaßfaktor ist bewegen meist bietend besser, stell dir dieselbe als Instagram Social Marketing Puppe im Werbedress Trainingsoutfit vor, mit dick randiger, schwarzer Brille, was intelligent wirken soll und mit Smartphone am brillieren durch den Fitnessclub. Ich finde das arm. Sitzt auf der Straße ohne Kleidung, zeigt die Pussi, als spiele sie die Situation von minderjährigen Straßenkindern nach. Mir entfällt immer der Begriff dafür, die ihren ganzen Alltag immer im Dauer Stream veröffentlichen, wie heißen die nochmal ? Die sind zwar krank, aber sie haben dennoch eine Bezeichnung, auf die sie selber stolz sind, wie traurig. Influencer.

Verkehrte Brüder !
Gegen Kommerze nur noch Poperze, Finger in Po, Infantino,
wir sollen nicht den Fußball töten, wir spielen nackt, und machen uns lang,
ob Frau ob Mann, wir zeigen die Klöten, geben keine Nummer ab,
jedes Dokument auf dem geschrieben, dass wir keine Freunde blieben,
an welche, die für eine Nummer Geld verlangen,
wenn ein Betrüger zu mir meint, in unsere Beziehung schieß ich Geld rein,
dann ist das nicht mein Verein, ich sag "Nein", geh nicht in den Wald rein,
und hör mir an deren Geschrei, die nur um die Ecke biegen,
und wollen die Kunst für sich besiegen, die Rechte meiner für sich kriegen,
mit den Brüdern falsche Namen aushecken, den Frauen falsche Versprecher stecken.

Genieße den Tag nach einer heißen, dann kalten Dusche, zweite Kanne Kaffee, und Mittag eine Schüssel Pudding, ansonsten Samstag immer Faulenzer Tag, dieses Jahr echt durchwachsen kaum schätzbar das Wetter, durchgehend Regen bei Temperaturen von 12 Grad, und so das Wasser zum Schwimmen auch dann komatöses Zusammenbrechen unter der Hitze.

Jetzt ist wieder Abkühlung und viel Wind angesagt, aber wir sind dankbar. Alte Leute können einem leid tun, das stete Reizklima, von Herbst kalt bis Spanien Wüstensonne, dann Dauerregen mit depressiv Grau, und wieder Wind zum davon fliegen, heiß, kalt, heiß, kalt. Ich bin jung genug sagen zu können, gerade dieser Reiz macht es aus, man bleibt ebben jung, ja , so isses, je älter wir werden, desto weniger altern wir.

Geh ich noch EINMAL zu einem...männlichen Arzt Alter,
dann hau ich den Lukas an der Türschwelle,
erzähle wie Vergewaltigung funktioniert, werf ihn auf seine eigne Matte,
zeig die Latte, setzte mich breitbeinig vor ihn hin, sagte,
"Ich sei nicht als Kranke hier !" sei nur zum "Grill anschmeißen da !"
gehöre zu den wirklich starken Frauen, deren Kleinhirn nicht bei seinem
Anblick zu schrumpfen anfinge, würd ihm selbst mal "an die Eier fassen !"
kann sich dann selber einen Männerarzt suchen.

Wer seinen Kindern etwas anbietet, seinen Weg geht, dazu Verantwortung übernimmt, der ist natürlich auch mit Leib und Seele dabei !

Das Ding eine Frau, mit Sang und Klanglose stehen zu lassen,
ist wie ins Museum einschreiten, sich zuhause fühlen, und die Frau dann da,
wie einen Hund abgeben, sich frei zu fühlen,
und sich verabschieden wollen, drückst dem Aussteller die Hand,
dem Hund sei gedankt, er steht dort Modell,
Hauptsache treu und uneingeschränkter Freund,
würde man sich gegebenenfalls wiedersehen,
ein Händedruck, der Frau die Muschel, die ihr steht,
ihr Zitronensaures Gesicht, dem zu Ehren lächelnd,
und sie stehen zu lassen, denn keiner konnt es besser ausdrücken,
wie den Wunsch nach zwanzig Jahren, auf glücklichen allein Lebensweg !
Die Frau einfach wie den Hund, kollektive beiseite belächelnd,
beim Museumswärter mit der Leine anbinden,
und abstellen, zur Belustigung, das ist Schleswiger Mentalität !

Der Wankelmütige, ist er etwa der, auf dem man nicht zählen kann ?
Der bequeme Mensch will seiner Natur entsprechend keine Abweichung.
Er betrachtet Alleinsein mit einer kalten Höhle.
Er vergleicht Nässe mit Isolation und Fallengelassen werden.
Er verhindert es Wind auf kühler Haut als klares Gefühl wahrzunehmen.
Er atmet nicht mal saubere Luft und inhaliert zudem Zigarrenqualm.
Er fasst niemandes Hand, aus Angst vor Schläge.
Er trifft nicht spontan auf Fremde, ihnen sein bestes Geschenk zu geben.
Er gönnte dem Partner in der Liebe nicht sich zu entblößen.
Er sieht sich alt werden, und das verbittert ihn.
Er urteilt erst über andere, weil jemand ihm die Kindheit gestohlen.
Er siedelt an Orte, aber um dort den Menschen aus dem Weg zu gehen.
Er misstraut der Lage, als Mensch der Natur gesehen zu werden.
Er toleriert kein direktes Wort, erfordert sich kurzerhand anderer Demut.
Er teilt sein Unbehagen gerne mit, wie wenn er übers Wetter spricht.
Er empfindet die Einladung Einheimischer bedrohlich für inneren Frieden.
Er empfängt gern jede Warnung vor dem Hasser, sich zu schützen.
Er lässt die Leute am Ufer stehen, die sich seiner Herkunft nahe fühlen.
Er geht zwar in die Natur, aber nicht sich als Natur selbst zu erkennen.
Das Soloinstrument neben dem Chor ist auch wichtig, Wie will sich ein
Mensch ansonsten auch kennen lernen, wenn er sich nicht im
gleichberechtigten Verhältnis zu anderen Menschen sieht und sich
eigenständig zu entfalten beginnt ? Und wir müssen gut, aber fair sein, nicht
unterwürfig oder dumm, obwohl auch wir selbst niemals perfekt sein
werden, wir Menschen sind so und haben irgendwann in unserem Leben
Anti-Werte oder negative Fähigkeiten angewendet, das Wichtigste ist, dass
wir versuchen, uns zu verbessern und gut zu sein. Es hängt alles davon ab,
wie sehr man an sich selbst glaubt, um diese ständig auf Distanz zu halten.
Versuchen Sie besser aus einigen Fehlern, die wir alle machen, zu lernen.
Und nicht denen zu helfen, die nie das Gefühl hatten, was Liebe ist, weil sie
ihre Negativität nicht dazu nehmen, Ihnen zu danken, sondern Ihnen für die
Hilfe, die Sie gegeben haben, zu schaden.

Neulich habe ich eine Bekanntschaft getroffen, wissen Sie, das war in den letzten zwei Jahren ein bisschen witzig. Normalerweise habe ich das Rezept bekommen, diese halbe Pille täglich, seit 27 Jahren, als die Ärztin ins alte Krankenhaus ging, bin ich ihr gefolgt, ging sie in den Ruhestand, wechselten die Ärzte jedes Mal, wenn ich auftauchte, war ich freundlich und bot jedem eines meiner Bücher an, aber das nächste Mal wieder, dann einer in der neurologischen Ecke, junger russischer Arzt, und ich ging dorthin. Er äußerte seine Meinung zur Aufnahme und Wahrnehmung, beim zweiten Treffen hatten wir ein gewaltiges Muskelspiel, dazu meine Warnung an ihn, dass ich nicht der Typ Patient sei, der sich für ihn hinlegt, damit er zum Spaß einen Sprung bekommt, und dass mein ganzes Problem von einer Vergewaltigung vor 45 Jahren abhänge, dass ich mir meiner eigenen Persönlichkeit bewusst sei und mein Trauma oft genug erlebt habe. Dass ich in Zukunft vielleicht nur mich selbst heilen kann, und sonst niemanden, keiner, der sowieso nicht zur Heilung gekommen ist, und dass ich in Plattdeutsch träumen kann, wenn er es nicht verstehen will, und dass ich heimlich von der kyrillischen Sprache geträumt hab. Dann sah er mir direkt in die Augen, sagte, dass er sich nicht im Geringsten für den ehemaligen Arzt interessiere, der mir diese Diagnose gestellt hat, dass er das heute nicht mehr ernst nehme, und dass diese Tatsache nur für die Akte existiere. Dann haben wir uns getrennt, und er sagte, dass ich vielleicht auch anfangen könnte, für ihn Russisch zu lernen. Dann gab ich ihm meine Übersetzung meiner Kunst, Philosophie und der Lesung vom März in seine Sprache übersetzt und zwei meiner besten Bücher als Abschiedspräsentation und suchte mir eine örtliche Praxis, um mein Medikament wieder wie gewohnt an einem einzigen Ort zu bekommen.

Dann wieder gestern... mit einer Ärztin gesprochen, sie ist loyal, kompetent und war Chefärztin am Krankenhaus, jetzt hat sie hier angefangen.
Sie ist überwältigt von dem, was ich mein ganzes Leben in meinem Leben erkämpfte, und sie hat alles geglaubt, also war das der beste Weg, ein Trauma zu überwinden, das langsam vorübergeht. Und ich werde bestimmt ohne zu zögern ihre Patientin bleiben und in Zukunft auch.

In diesem Wartezimmer war ein nettes Gespräch mit einer Dame, die ebenfalls da saß. Sie begann sich plötzlich zu öffnen und erzählte mir völlig vertraut plötzlich über Vergewaltigung, Familiengeschichtlich, den Missbrauch durch die Eltern, die Kunst, die sie macht, ihr körperliches Trauma, die Depression und ihren wachen Kopf. Ich habe mit ihr aus einem ähnlichen Blickwinkel gesprochen, ich mache Kunst, meine beste Freundin aus Kanada auch darin erfahren, und wups, ich habe ihr ihre größte Angst genommen. Sie glaubte wirklich, sie sei von einer sogenannten Diagnose daran, dass ihr Gehirn anscheinend mit der Zeit kleiner würde. Ich glaube, es stimmt nicht, es war ein Trick, um sie zu beruhigen. Ich denke, in unserem Gespräch ist sie nun ein wenig hinter ihr eigenes Geheimnis gekommen und hat die Angst vor dem Schrumpfen ihres Gehirns verloren. Jetzt, wo sie sieht, dass es so viele angeschissene Frauen wie sie gibt, sind sie und ihr neuer Gedanke dies absolut von Wert. Wir sehen also, es ist für jede Frau und jeden Mann der besondere Zeitpunkt in seinem oder ihrem Leben, wenn der Tag gekommen ist, mit der Wahrheit zu leben, aber zuerst muss man die Kraft haben, sich zu öffnen, das eigene Leben zu verstehen, es bedeutet nicht, dass ein anderer es einem erklärt hat. Wenn es so einfach wäre, könnte man alles, was man zur Heilung braucht, auf einem Blatt Papier nachlesen und es würde funktionieren, nein, es gibt keinen Glauben, das ist nur eine Schwäche einiger, die jedwelchen Führern folgen, was normalerweise in der Pubertät sichtbar wird, aber manche werden keinen Schritt daraus machen, können, dürfen.

Sagen Sie mir, wenn Sie dachten, dass man an eine solche Illusion glaubte, dass man lesen und dann damit heilen kann ?Wenn ich in Büchern 23.500 Seitenlang über alles geschrieben habe, Heilung, Erfahrung, Lernen, Lehren, Fantasie, kreatives Malen, Illustrieren, Wissen aller Art über alle Jahrzehnte hinweg, warum würden dann jene, die Sie die sogenannten Gläubigen nennen, meinen Stoff nicht kaufen, um damit zu heilen? Wohl weil ich nicht die Wahrheit eines jeden Menschen kenne ? Wie wahrlich. Wenn Menschen schwach, krank oder traumatisiert sind, leben sie in ihrer Blase und das Letzte, was sie tun würden, wäre, mit klarem Verstand zu lesen. Sie sind nicht bereit für die Wahrheit und die meisten werden es in diesem Leben nie sein. Die Jugendlichen werden ihre Pubertätsphase bald überstehen, aber auch diejenigen, die in dieser seltsamen Zeit der Gehirnentwicklung drogenabhängig sind, werden möglicherweise ein Leben lang krank bleiben und diesen Menschen fehlen Schule, Arbeit, Erfolg, Liebe, Selbstliebe und die Kraft, aufzustehen und zu kämpfen. Die Menschen werden durch keine Bibel geheilt.

Es ist Realität, ich weiß, deshalb gebe ich der richtigen Person im richtigen Moment das richtige Buch als Geschenk. Ich kann keine Buchbäckerei eröffnen und meine 116 Bücher wie Buchrezepte präsentieren und dann kommen sie und verschlingen meine Worte. Das ist das Geheimnis derjenigen, die im Leben gekämpft haben, um ihre Wahrheit zu finden. Sie werden immer den Weg zu ihrer Wahrheit finden. Wenn Menschen dafür gekämpft haben, ist sie unzerstörbar. Aber der Weg zur Heilung liegt in der richtigen Ernährung und der Bewegung des Körpers. Mir ging es so, und es ist eine Tatsache, dass manche Heilungen in Sekundenschnelle geschehen, aber der wahre Weg dauert ein Leben lang. Deshalb sagte ich, dass ich vielleicht auserwählt bin, um zu heilen, aber die Tatsache, dass andere nicht auf alles vorbereitet sind, macht es riskant, zu viel Macht an Menschen abzugeben, die das Ganze nicht aushalten könnten, um ihre eigenen Kräfte zu ertragen. Es ist besser, sich zurückzuhalten, die größte Verantwortung, die ein Mensch hat, ist seine eigene, nein, es ist seine Fähigkeit zuzuhören, die Art, wie er reflektiert, bringt ihm den Weg zum Verständnis und zur Suche nach seiner eigenen besten Lösung. Wir sind alle nur kleine Menschen, mit viel Wissen und Weisheit aus 50.000 Jahren unserer Menschheitsgeschichte, aber wir müssen in uns selbst hineinschauen, um zu verstehen, dass niemand eine Führung braucht, alle Wahrheit ist in uns, alle Antworten erscheinen, wenn man sie will.
Diejenigen, die nicht zuhören, sind oft der Feind für dich, für andere und für sich selbst. Die Bedingungen heutzutage für Kinder sind völlig andere geworden. Wir müssen uns diesen alle zusammen anpassen. Es geht nicht daran vorbei zu sehen, was sich in Elternhäusern alles abspielt, und auf Kinder an seelischem Ballast aufgeladen wird, weil diese Kinder doppelt belastet sind.

Es ist natürlich nur klug, den Pädagogen so zu begegnen. Die Kameraden einer Klasse, welche sich asozial verhalten auch nicht mit noch so viel elterlichem Zuspruch und Bestechung mit guten Noten für schlechtes Verhalten zu fördern, weil sie das Niveau der gesamten Klasse verderben. Darin müssten sich die Lehrer einig sein, und dies den Eltern klar im Gespräch aufzeigen, bevor gleich mehrere gemobbte Schüler sich bereits in Kindesalter das Leben nehmen, und alles daraufhin nichts achtend zur Tagesordnung übergeht. Diese Dinge dürfen nicht zum Mainstream, und zum rassistischen Schulalltag werden und auf keinen Fall geduldet werden !

REKORD für den JAHRGANG !
ZWEI MORDVERSUCHE in der GRUNDSCHULKLASSE DREI !
MEIN KOMMENTAR : KEIN KOMMENTAR !

Abgewehrte Anmache ist wie Unvermögen mit jemand umzugehen,
liegt vielleicht auch an Aufdringlichkeit, Eifersucht
und der Tatsache vorbei, der Herr Jemand eigentlich eine Beziehung hat.

Hysterische Moralität und Idealisierung
ist wie Weggucken von der Grausamkeit eigener Kinder,
und herablassende Aggression gegen den Partner,
der für alles verantwortlich gemacht wird.

Verzweifelt das Ruder in der Hand halten,
ist wie sich selbst für pädagogisch zu halten,
und aller Welt eine Lehre zu erteilen, egal wie brutal
dabei vorbei blicken, dass die Ehe im Arsch ist.

Ehrgeiz für hyperaktive Kinder eine Zukunft anzubahnen,
gleich was es kostet, die anderen drunter leiden zu lassen,
und sich aufzuspielen, herzlos behandelt zu werden,
statt gefeiert zu sein und das talentierte Kind nicht gefördert.

Stalken und hinter der Tochter her sein, dazu alle Leute auszuspionieren,
eine Schnüffelei, die bis zur Decke geht, um das Problem Schule beiseite
und die Schuld an stetiger Kontrolle anderer abzulegen,
wenn die Karriere des Kindes endlich gesichert ist.

Die Angst selbst zu versagen, aus Hetze etwas Gutes machend,
das System anzweifeln, die Schuld dem Lehrerpersonal gebend,
als würden sie mit samt ihren gesamten Kinderlein
nicht grundsätzlich vom Lehrerpersonal geliebt werden,
die selbst andere verprügeln, quälen, sich die falschen Vorbilder suchen.

Da sind Löcher im Zaun. Sie flieht und entkommt.
Es werden neue Zäune kommen. Nicht alle haben einen Durchschlupf.

Ein Traum sich im Herzen zu befreien.
Aber die Mauern kehrten zurück. Sie entschlüpft durch die Lücken.
Herausforderungen zu bestehen, die zuvor ungesehen.

Ich sah sie entschlüpfen.
Ich schaute nach ihr, die auf dem Tablett angeboten ward,
ging verloren an Rattengift, wurde nur zur Hüpfburg erklärt,
für den Spaß anderer ein "Hallo" zugerufen,
sie ward solange nur ignoriert bis sie sich für Geld angeboten.

108

NACHWORT

Ich bin sicher, dass sich jetzt alle Linken und konservativen Sozialdemokraten zusammenschließen müssen, um vor der Nazizeit und dem Holocaust gewarnt zu werden. Sie wollen jetzt mehr Aufmerksamkeit und werden gegen die Rechten protestieren. Wir müssen uns um unsere Nachbarn kümmern und sie grüßen und nicht einen einzigen von ihnen ignorieren. Diese Feiglinge warten alle darauf, jeden einzelnen Stein, den sie in den Mauern finden, zu durchbrechen. Sie beginnen vor allem bei den Jungen, in psychiatrischen Kliniken, in weiterführenden Schulen, in verlorenen und verlassenen Gegenden, aber wirklich gewaltsam in jenen Szenen, in denen sich die Menschen „erleuchtet" und „elitär" fühlen, um nach ihren Anhängern zu suchen und ihnen eine noch größere Erleuchtung zu versprechen, wenn sie den Führern folgen. Wenn die Menschen jetzt den Kontakt zur Erde verlieren und sich ängstlich verstecken, um Menschen in Not nicht zu helfen und ihnen nicht die nötige Solidarität zu geben, dann sage ich „Gute Nacht". Weil Feige Menschen eben unerwartet andere attackieren, womit der normale Mensch nicht rechnet.

Ich habe das Gefühl, dass Wölfe rufen und stehen dir sehr nahe. Die Winterzeit näher rückt, dass vielleicht Schnee fällt. Du hast vielleicht auch einmal im Leben vom Dschungel geträumt. Weisheit, die direkt unter dem Baum schlief,an dessen Wurzeln du so lange geschlafen hast, darunter gegraben, den Schlaf in einen Vulkanstein gelegt, unter klarem Nachthimmel Lichter der Sterne in dir geweckt, der Traum sprach von der Gans, die dir erzählte, wer dich rief. Ich zeige dir den Weg, von wo du vor langer Zeit gekommen bist, aber die Wahrheit findest du nur selbst. Vielleicht befreist du diese Art von Fantasie. Vielleicht kommen deine inneren Stärken nach Hause, falls du zurück kehrst von deinem gefahrvollen Weg, die eine und die andere Facette deines Lebens allen zu erzählen. Frauen erheben sich aus dem tiefsten Punkt ihrer Momente. Und in ihren tiefsten Momenten träumen sie davon, weinen, haben Alpträume, falls sie aber Repression entfliehen, kommen sie nie wieder !

Mein Sohn hatte sein eigenes kleines Boot namens Gipsy. An einem Sommertag kippte das Boot mit seinem Freund wegen eines plötzlichen Gewitters um. Unser Freund und die beiden wurden zum einen Ufer und zum anderen Ufer getrieben, und das Boot hing im Schilf. Der sonnige Tag wurde zu einer schwarzen Nacht. Die Jungen rannten durch Regen und Donner durch ein Schutzgebiet an Land und riefen um Hilfe. Der Freund Arne nahm das Auto und fuhr herum, und dann standen alle drei gleichzeitig vor meiner Tür. Ich war wirklich froh, sie zu sehen. Am nächsten Tag nahmen sie das Boot zurück und Julian stand im Schlamm, als er etwas unter dem Fuß spürte ... es war eine kleine klingelnde silberne Kugel an einem Band, sie hatte die kleine Weltkarte eingearbeitet. Ich verbinde die beiden Ereignisse. Wie der Sohn das Leben mit gleichem Willen anfängt. Aber er rennt nicht wie ich. Er ist vernünftig, einfühlsam, intelligent. Sein Wille stark, aber egoistisch, was nicht nur ein Nachteil bedeutet, sein Talent mit einem Ziel zu verbinden. Es ist einfacher für seine Freunde gemeinsam mit weniger Problemen zu gehen. In der Tat, dass ich ihm sagte, dass Menschen, die ihre Arbeit leicht erledigen, auch unterbezahlt, immer noch große Träume haben. Ich habe ihn alleine erzogen. Die Traummänner sprechen mit Magie, sprechen klug mit mir.

Die Träume, in denen Menschen mit mir sprechen, geben mir Kraft. Alle in mir aufkommenden Fragen können beantwortet werden. Es gibt Menschen, die sehr unterschiedlich sind. Ich erinnere mich, dass mein Sohn und ich den gleichen Traum aus der Nacht erzählten. Das ist diese Art von Empathie, die ich kenne, wenn jemand talentiert ist und klar gesinnt. Das Erinnern an Träume ist gut, um nach einer traumatischen Erfahrung verwendet zu werden und aufzuschreiben, zu heilen - aber in den meisten Fällen nicht so wichtig, was man träumt, die innere Welt ist real und intakt, aber du hast die Fähigkeit, dies zu benutzen, was dich tatsächlich zu einer wirklich fantastischen Person macht.

Freigeister sind nicht
dazu gedacht, dass sie gezähmt werden.
Sie müssen frei bleiben,
bis sie sich selbst finden,
und sie erkennen,
dass der Mensch einfach
nur durch die Wildnis geht.

Wer achtet schon als kleiner Zwerg darauf,
wenn er zum anderen aufsieht,
wie der über ihn denkt ?
Wer schleicht durch die Gänge auf der Suche
nach Herrn Staatsbürgerkunde ?
Wer sieht nur ungern davon weg,
was der Große alter Königsgeschlechter,
dem Kleinen in Wirklichkeit vom Bankett übrig ließe ?

Einige schweigen,
so dass andere auf sich selbst hören,
andere hören auf andere,
am wenigsten auf sich selbst.

Algunos hacen silencio
para que los demás se escuchen,
otros para escuchar a los demás,
los menos para escucharse a si mismos.

Genau wie sie sagen, das ist die Wahrheit über uns Reisende, wir sind auf einer kosmischen Reise, Sternenstaub, wirbelnd und tanzend in den Strudeln und Strudeln der Unendlichkeit. Das Leben ist ewig. Wir haben für einen Moment innegehalten, um einander zu begegnen, uns zu treffen, zu lieben, zu teilen. Dies ist ein kostbarer Moment. Es ist eine kleine Klammer in der Ewigkeit.

Es ist wahr, dass unser Hauptzweck der Existenz darin besteht, das Bewusstsein aufrechtzuerhalten, um Gerechtigkeit in allen Formen erlangen zu können, da dies weiter geht, um Disziplin und Selbstverbesserung und Entwicklung in das eigene Leben einzubringen. Zu wissen, wohin man die Lebensenergie lenkt, um nicht für irrelevante Dinge verschwendet zu werden, die keinen Mehrwert im eigenen Leben bringen. Die Reise des Lebens ist jedoch auch die Reise, bewusst im Leben zu bleiben.

Ein gefangen genommener Hund, den man dazu aber abrichtet, nach Befehlen zu reagieren, hat früh verstanden, er würde für sein Auskommen aber nie wieder in die Freiheit und in das freie Leben auf der Straße zurückkehren, ich verspreche, dass diese Hunde es vermissen werden. Hunde haben lange Antennen, sie nahmen dies zu stark ernst und empfinden Empathie stetig. Ich finde das missbräuchlich, wenn der Hund ständig nach bösen Seelen suchte, dadurch werden diese Hunde entweder stumpf oder paranoid. Sie sind wie ein Mülleimer. Ich spreche nur von diesen rechtlosen Situationen unserer Gefährten, grenzenlos missbraucht, und darum können sie nicht protestieren.

So sitzt der Mensch eigentlich immer zwischen zwei Stühlen, der Wildnis und der Zivilisation. Da kennt er sich derzeit schweigend in der Stadt mit jemand sitzend, sieht ein vornehmes Café, wo die Leute fein an ihren einzelnen runden Tischen bei Kaffee und Kuchen einsam sitzen, isoliert jeder befremdlich zum Nebentisch blickt. Er sitzt mit jemand arm und besitzlos draußen, beobachtet eine Gesellschaft alte Leute, deren Hände Arbeit diese Gesellschaft reich machte, die einfach draußen steht. Dann eine Weile sehen beide zu, wie ein Riesen schöner Baum sein Leben aufgibt.

Man hatte ihm schon die Krone gekappt, sie ihn kastrierten, dann aber fällt er einfach um, genau neben das Schickeria Café. Und keiner schert sich darum. Jeder solche sterbende alte Baum lässt einen weinen.

Denn er begriff seit dem Unfall, wie wertvoll ein Leben ist, und wie viel Zeit dem Leben eines Menschen überhaupt bleibt, um auf den eigentlichen Kern zu stoßen ! Das ist jedem selbst überlassen. Menschen werden alt, und gehen sich mehr aus dem Weg, weil sie mehr wissen, wie zum Beispiel boshafte Leute stets aus deren eigenen Unzulänglichkeiten den anderen zu demütigen suchen, man es gelernt hat, sich das Bündnis zu noblen Freunden zu erhalten, die einen schützen. Es lernt sich der einfache in Jahren erreichte Zusammenhalt unter erwachsenen Menschen, die an einem Ort leben, und nichts auf den kommen lassen, der sich belästigt fühlt. Im Wissen, welche Gefahren Natur mit sich bringen kann, da gibt es andere Gesetze. Eine zivilisierte Umgebung setzt ihre freie Meinung zu menschlichem Fehlverhalten in die Tat um, spricht es aus, aufgrund der Bildung, die Menschen im Leben Anteil wurde. Wer sich Demütigung ausgesetzt fühlt, muss sich an noble Menschen halten, die es mit der Sonne halten. Es geht nur dann durch halten, was keine andere Option verspricht, den Situationen aus dem Weg zu gehen. Geflüchtete Menschen sind keine Last. Sie haben im Gegenteil den großen Mut besessen, sich auf einem gefährlichen Weg bis zu ihrem Ort ihres neuen Zuhauses begeben und können eine Menge die Menschen lehren, was es heißt, sich aus unangenehmen Situationen zu befreien.

Ein Flüchtling schilderte einmal das Folgende -
Ich kannte meine Fluchtreisen als würde ich wie die Amsel alle Nächte lang die leuchtend erhellten Städte überfliegen, und fand selbst als Mädchen wie ein Vogel einen Nachtplatz auf Hinterhöfen, erkletterte Container, schlief da oben, bis morgens die Bauarbeiter kamen, mich nicht sahen und Würste grillten, ich wartete bis zur Nacht, flog weiter, und eine kleine schwarzhaarige Frau auf der Straße zeigte mir die Richtung gen Norden.

Das Spiel vom Fragen -

Folgende Themen, die uns bei genauer Betrachtung schlauer werden lassen :
Gesundheit, Ahnen, Vision, Bezug, Psychologie, eigene Trauerarbeit

Gedicht an die Dauer - Nachmittag -

Werden die Menschen schlau daheim auf dem Sofa ?
Oder in den Begegnungen im Wald ?

Die Wiederholung - Vielzahl guter, Vielzahl negativer Begegnung

Der Chinese des Schmerzes -
Der Weg des Mediziners, ist sein kleiner Doktor, angefangen mit der Geburt

Geschichte des Bleistifts -
Ein Gedächtnis verliert nichts, das stete offene Buch

Kindergeschichte - Lücke Kindheit, mit Gedanken füllen

Über die Dörfer - Bauern, Imker, Obsthaine, Pferdenarren

Keine Heimkehr - Man ins Eis, ohne Hoffnung auf Wiederkehr

Der kurze Brief zum langen Abschied - habe mich sehr gefreut

Ritt über den See - Fußspuren am Strand

Publikumsbeschimpfung -

Glaube, Schreckenskapazität Wahres, die Dinge nehmen ihren Lauf

Ich mag die Art und Weise, wie gute Maler intime Ehrlichkeit zeigen. Gemälde haben tiefe innere Bedeutungen, die ich sehr stark fühle. Malen ist für jeden Künstler ein Versteck in weichen Welten und in der Kindheit. Dann ist es in Ordnung, viel Sex und Gewalt zu zeichnen, also hast du deine Fantasie und ich bin sicher, du hast sie erlebt und gelernt, sage ich mir. Fantasien über Filme, Kunst und Bücher mögen nicht der Wirklichkeit entsprechen, aber es sind die rauesten Formen, seine Erfahrungen widerzuspiegeln. Ich liebe Ehrlichkeit. Ich achte auf die Sehnsucht nach Sexualität, zum Beispiel achte ich auf etwas, das durch Ängste erkennbar oder gestört ist, da ich sehe, dass es freies Denken und Fantasien über die meisten Dinge Bedingung sein sollte, solange man für etwas steht, doch nicht in die Realität umsetzen kann, und es niemandem weh tut. Manche Menschen betrachten Fantasien als Verbrechen. Ich verstehe, dass Sex mit dem Partner ein ziemlich schönes Spiel bedeutet, das den unterschiedlichen Griff und die Wünsche zeigte, sicherlich fair und vorsichtig für den anderen, auch frei zu entscheiden. Ich hätte nicht erwartet, Regeln für ihn und für mich aufzustellen und von Punkt eins bis zehn zu handeln. Auf meine Weise liebe ich offensichtlich zu sehr ... und pflege die Art des Lachens über Situationen beizubehalten ... von Zeit zu Zeit zu explodieren. Jeder Künstler arbeitet mit Fantasie und Humor also muss man frei denken und Sexualität teilen !

Und ich denke, es ist manchmal wichtig, etwas Freundliches und Unkritisches zu sagen, bevor ich zu weit gehe. Ich muss erscheinen, meine Ansichten zu erklären. Jemand, dem man vertrauen kann, hat für mich etwas Ehrliches und Reines, das mich in Erstaunen versetzt. Wenn wir zu einem bestimmten Punkt kommen, wissen wir, wo wir stehen. Ich rannte mein ganzes Leben lang, weil ich im Kopf hatte, dass jemand in all den traumatischen Situationen, die ich durchgemacht habe, meine inneren Farben, meine Kindheit, meine Geheimnisse gestohlen hat ... deshalb bin ich in der Zeit gelaufen, habe die Länder gesehen und so viel Menschen und echte Gesichter wie möglich, um zu wissen, dass ich eines Tages wieder ins Leben eintreten und mein Innerstes heraus lassen werde, um wieder zu malen ! Ich bin ein verliebter Gläubiger, Seelensucher, in Deutschland ansässig und ich bin in der Nähe des Wassers wie Fische, Skorpione und Krebs. Mister „Rodrigo Sanchez", der mir das Fell über den Rücken zieht, hat eines vergessen: dass man sich nie vor seinen Gefühlen verstecken kann, dass ich immer von der Wahrheit sprechen werde, dass er gerne weiterhin billige Filme macht, die Schauspieler nur aufgrund des Aussehens wählt, ihnen Texte auferlegt und die Rezepte für Nudelgerichte, dass der Wortlaut für ihn keinen Sinn ergibt, dass er einfach seine eigene Kindheit verändert, die Lüge als Wahrheit verkauft, dann Geld damit verdient, und dass für die breite Öffentlichkeit wie immer karikiert dessen Kinderzeichnungen übrig blieben.

Aber wir Nordtypen brauchen ein langes Leben, um das zu verstehen. Der Süden will nicht die totale Nähe. Sie wollen kein tiefes Verständnis. Sie brauchen nicht die Schande anderer. Sie wollen alleine und stolz auf sich selbst beharrend sterben. Sie wollen nur authentisch gesehen werden. Das ist alles, was mit südlicher Melancholika gemeint ist. Wie wir unsere nördliche Alkoholika kennen. Oder der Osten will alles Buddha nennen. Es ist eine Schule des Lebens, die wir voneinander lernen. Unsere Systeme sind so erfunden, dass wir das Gefühl haben sollten, dass sie nicht erzwungen oder geändert werden können, sondern einfach weitergehen. In der Tat, die weniger Fantasie, die Menschen in ihren Köpfen produzieren, macht sie anfällig für Illusionen anderer. Dieser materielle Gedanke war in unserer Kindheit weit verbreitet.

Man muss trotzig genug sein, um am Leben zu sein und jede Sekunde zu überleben. Wer kann wahre menschliche Nähe aushalten und behaupten, dass Zusammensein mehr ist, als nur den Himmel zu berühren und im Traum zu schwelgen ?

119

Leute haben Angst, jemandem
nicht sagen zu können, dass sie Angst haben.

Leute befürchten der Himmel fällt,
jemanden nicht grüßend,
da er sie vielleicht nicht leiden kann.

Leute sorgen sich, jemanden morgens beim Kaffee
mit müde tiefer Stimme sagen zu hören,
dass ihn das ganze Yoga mal peripher tangierte.

Leute können sich nicht einlassen,
jemandem die oder der Eine zu sein,
den man mag, und an sich drückt.

Leute mögen anzweifeln,
jemanden so zu lassen wir er ist,
dass jeder sein Päckchen tragen muss.

Leute hören sich ungern an,
jemanden sein Trauma erzählend,
statt ihn darin zu bestärken,
es genauso gut wie du eines Tages zu schaffen !

FISCH NAMENS WANDA !

Wer nach fünfzig Jahren Enthaltsamkeit
in der Ehe nicht mal mehr weiß, was Sex ist,
und es bereits in sieben Sprachen ausspricht,
noch immer sein Arschloch nicht erblickt,
auch nach vierzig Jahren verteidigter Ehe.

Wer nach dreistiger Anmache zur Tatsache
sich ernst für guten Sex zu verlieben,
aus der Illusion heraus, endlich zu leben,
und das Nagelfeilen, die Nachtwäsche,
die getrennten Betten gegen ein Stück Hintern
um das schönste Arschloch der Welt einzutauschen,
noch immer die Träume kennt fremdzugehen,
also dafür auf die Liebe schwört, um durchzubrennen.

Wer also das verrufene Weib aller Zeiten
für seinen Engel hält und drauf reinfällt,
dass sie ihn nicht mal mit der Zange anfasste,
wenn es sich vermeiden lässt,
und sie aus Anlass das Geschenk des Jahres bekommt,
den gesamten geklauten Schmuck seiner Ehefrau,
der feste Stand der stinkwütigsten Füße,
lernte sich aus dem Schlamm zu ziehen,
die schärfste Katze verschollener Brüder
sie bricht dir das Genick.

Den eigenen Humor wiederzufinden, ist die beste Medizin.

Wir haben es nicht geschafft, mit beiden Beinen fest auf dem Boden zu
stehen, um deshalb unsere eigenen Ideale zu vergessen, selbst die Politik
will ganz Europa und die Zukunft aller lahmlegen.

Wer wusste das ? Dass Kapern einfache Kaulquappen waren,
denen aber beim Anblick von Suppenaugen,
auf der Oberfläche eines toten Meers,
der Aufenthalt im Wasser nicht mehr geheuer war,
also haben sie sich in die Sauce auf Tellern
und dem Mittagsmahl einfacher Leute getan.

Wer wusste das ? Das Frettchen einst Rettiche fraßen,
solange bis sie davon nur rund und fett waren,
darum hat man sie zu schnell gefangen, sie passten nicht mehr unter Autos,
unter denen sie in Städten wandern, drum haben sie den Feldfraß gelassen.

Fliegende Kapern und runde Frettchen
sind auch meine Leibspeise, ich fange sie bei Vollmond wie gerade heute,
mach mir ne schöne Bechamel Sauce drum, und Reis und Fleischbällchen
aus den Frettchen, die Kapern schauen mich zufrieden aus dem Suppenteller
an, um dann im Magen zu landen.

Wie kann man ...
Brigitte Hartmann heißen ?
Das klingt im Raum wie Essig Ei, die eklige igitte Brigitte kommt rein...
sie liebt nur sich selbst, keiner will die verschwitzte anfassen,
sie ekelt sich sogar vor sich selbst, meine Sorge,
nur der Bandwurm ihrer Kindheit, verfolgt sie bis heute noch,
weil sich wenigstens einer mal nähern wollte,
der sie aber lieber schon aus Langeweile verließ,
dann kackt sie kräftig auf dem Klo,
dann war sie ihn wieder los ganz Hartmann,
wer sie bis heute je einmal angefasst hat,
zählt Hartmann an fünf Fingern ab !
Sehen Sie, unter jeder Dusche eine andere Dame wollte,
wenn man sich den einen vorstellt, wird der andere gejagt,
und der Wasserfall ist immer vom nächsten genommen,
in der Tat NICHT VON DIR !

Lebenszyklus anzusehen, ist wie sein Leben als eine Art Film zu betrachten. Es gibt immer dich als Hauptdarsteller. Das Kind sucht seine Höhle noch, aber es fängt an sich diese Höhle selbst zu schaffen, meist in der Natur, es benötigte Erwachsene dazu nicht, das Kind zählt keine Stunden bis ein Tag vergeht, aber es legt sich unter einen Stamm, um sich dort ein Bett zu bauen. Das Kind erfährt seine Sehnsucht im Anblick der Sonne, die immer wieder an einem anderen Ort der Wälder erblickt wird, und erfährt dieselbe Ruhe, wenn diese Wälder des nachts in Ruhe begangen werden. Der Zyklus aufzuwachsen nur gemessen an Tagen, die wie Jahre draußen statt finden. Darin braucht es keinen Sinn zu finden. Das Kind läuft nackt. Der heranwachsende Mensch läuft nackt. Bei gemeinsam erfahrener Nacktheit verändert sich das Leben kolossal. In die Welt der kindlichen Abenteuer dringt die Zusammenarbeit mit den Menschen, die Kenntnis über andere, und der Wunsch sich darin wieder eine Höhle zu schaffen. Aus der Erfahrung heraus aber im Wissen, dass jede wichtige Erfahrung irgendwo am Ende des Horizont auffindbar ist. Diesen Weg zu gehen, nur im Beisein auf sich selbst Acht zu geben, und daraus zu lernen, wer Freund, wer Feind. Ein junger Mensch hat sehr schnell verstanden, den Freund an sich, den gibt es nicht, was also dazu führte, sei der familiäre Schutz nicht gegeben, muss der Einzelne noch verantwortungsvoller mit sich umgehen. Es wird einem nichts geschenkt, und je intelligenter jemand aus der Masse heraus sticht, desto mehr Neid erfährt er oder sie, bis die leidvolle Zeit Schule sich wiederholt und irgendwann zum Abschluss gefunden, erkennt der junge Mensch schließlich, dass es um Verantwortung geht, die man für andere übernimmt, die wehrlos sind, um deren Wohl man sich sorgt. In dieser Phase der dritten stellt man fest, was man aus der Arbeit lernte, in welcher der Mensch als der Mittelpunkt betrachtet wird, und nebenbei werden die eigenen Kinder erzogen. Wieder betrachtet man, wie die neue Generation der Kinder sich ablösen, um sich ihre eigene Höhle zu suchen, und man lässt sie gehen, und man lässt los.

Wasserkreislauf ist wie Lebenszyklus. Alles kehrt wieder zum Anfang zurück. Alles ist in Bewegung. Der Fluss, die Bewegung, der ruhige Rhythmus bewirken, die Menschen kommen, die Menschen gehen.

Rotiert regelmäßig. Der Anfang des Tags ist wie der erste Schluck Wasser, und Wasser lassen, die Energie erwacht blitzartig, ein Apfel die Nahrung, wie die Rückkehr der Gedanken vom Vortag, und die Ruhe der Nacht, die einen damit arbeiten ließ, und zur Erkenntnis brachte, zu verstehen, wer einem gute Einsicht zukommen lässt, und die Verbindung zu Ost und West, wird genauso zu Nord und Süd erneut aufgenommen, sind die Menschen wie ein Wasserfall, alles erlebte, alles geliebte, alles an Freiheit genossen, bereiste, geteilte, erfreute fällt als Sturzwasser von oben, aber man steht dort alleine und breitet seine Arme aus, um das heilende des Wassers erneut auf sich fallen zu lassen, völlig gleich, wer in jedem Morgen an einen dachte. Man spürt den Fels, auf dem man steht, und geht ans Ufer, fühlt den weichen Sand zwischen den Zehen, und geht am Meeressaum entlang, weil man auch ahnt, würde man sich in den Sand legen, wer einem dieses Sandbett voraussichtlich gebaut hat, der einen in seinen Armen wiegt, als hätte er sämtliche Worte, die man dachte, bereits auf deinen Körper geschrieben, nur weil er dich sehr gut kennt. Und selbst am Tag ist man sich gewiss, als sei es Nacht, nur die Augen kurz zu schließen, hieße, derjenige sein ganz nah bei einem, den man einmal schützte, der einen fortan umgab.

Die Sorgen des Liebhabers, sind oft subjektive Angst um ihn selbst. Nur fast die meisten nehmen sich selbst so wichtig, dass sie meinen, das beste für einen anderen zu wissen, um ihn zu seinem Glück zu zwingen. Man nennt das auch das zwanghafte Festhalten müssen. Es ist kindhaft, sich in der Wirklichkeit zu bewegen, doch an etwas Vergangenem festzuklammern, und sogar in seiner Illusion zu schönen fantastischen Geschichten zu verklären, als würden die Gestalten aus erfundener Illusion stets um einen herum gehen, und wären auf allen Bildern in Rahmen festgehalten, und selbst der Kaffee alter Zeiten vom Geschmack auf der Zunge zu spüren. Dass man selbst in festen alten Vorstellungen tanzte, und sich in eine Scheinwelt begibt, weil der Zwang es auferlegt, dass diese kleine erfundene Welt durch nichts ins Wanken geraten dürfe. Würde ein Partner also solch einen Verlust erfahren, dass ein nahestehender Mensch stirbt, würde oft auch die Verbindung zum anderen unterbrochen. Das Gedächtnis funktioniert so, dass all die alten Bilder detailgenau am Leben bleiben, und sich die Welt nur hinter einem Vorhang betrachtet wird, als hinge der Vorhang zwischen beiden Partnern, zwischen der wirklichen Welt und der erträumten, scheinbaren Welt. Gut das Sex solche Krisen überwinden kann.

Der Zweifel des Liebhabers, oftmals in solchen Fällen aber, dass der Sex still liegt, und die Theorie aufkommt, um das Alte festzuhalten, dürfe kein neues Erlebtes, kein Wunsch nach Begehr, des anderen Wunsch und Veränderung mehr ins Leben hinein pfuschen. Es herrscht ein Misstrauen, dass der eigene Partner es gut mit einem meint. Die Liebe durch die Trauer bekommt ein Vogelhalsband, der Partner wird ausgeschlossen oder wie der Vogel mit Halsband in einen Käfig gesperrt, ohne selbst noch anzunehmen, dass er sich wünscht, dass es einem gut geht, dass er einen selbst noch liebt. Daran gehen Beziehungen oft zu Bruch, und man verliert das Vertrauen, dass auch andere Menschen einem die Liebe vorbehaltlos entgegen brachten. Man entschied lieber, das Neue, die Verwandlung, das menschliche Abenteuer zu vermeiden, um die traute Eigenwahrnehmung nicht ins Wackeln geraten zu lassen, wenn man schon keinen Weg mehr fände, in seine Kindheit zurück zu gelangen, in die totale Traute kindlicher unschuldiger Momente, seine Aufgabe anderen überlassend. So besteht bei den bequemen Leuten oft aus Furcht vor innerer Entwicklung, das Fest des unbekannten Dorfnamens zu feiern, des Dorfes, in welchem die neuen Verwandten hinzu kommen und die Familie neu gegründet werden könnte, und eine Gesellschaft wächst, mehr das Misstrauen aufrecht zu halten.

Die rohe Emotion des neuen Dichters, hat etwas vom Versuch, sich erneut auf eine Beziehung einzulassen, trotz der inneren Warnung davor, es könnte wieder dieselbe Sache der Partner zur selben Katastrophe führen. Sicher muss jeder da durch, weil es im Leben immer auf und wieder ab geht. Weil sich alles wieder zum Anfang bewegt. Weil nur eine innerer Welt aus ihren vier Wänden heraus kommt, wenn das Vertrauen zu anderen Licht ins Dunkel bringt. Es sind automatisch viele Faktoren, die eine Liebe verhindern. Das sich verändernde Tempo der Zivilisation.
Die wachsende Aggressivität der Maschine. Hierzu muss die Aktion einander zu vertrauen noch stärker geleistet werden, sonst werden zu viele

Menschen, die einem die Welt Füßen legen würden, die in dir selbst die Liebe sehen, einfach übersehen, und bleiben mit offenen Armen ungeliebt zurück, ohne zu wissen, warum der Mensch zu grausam verfahren muss.

Auf den Seiten eines Buches erwachte eine Farce der Geschichte.
Was wissen Sie über das Glas Wasser?
Wie viele Fantasien schwebten.

Ich bin eine einsame Läuferin. Aber eine Langstreckenläuferin. Louise Bourgeois *25.12.1911 – 31.5.2010 Mich interessiert die Überwindung von Angst. Ich vergebe nicht und ich vergesse nicht. Das ist das Motto, das meine Arbeit nährt.

Eine meiner Fantasien sei der Mann, der negative Handlungen begeht.
Er wollte immer eine Krabbe sein, noch traurig, dass er keinen Skorpion Stachel hat, hungrig, aber alle Füße treten ins Leere, sein größter Wunsch, groß zu sein mit großen Füßen. Keine Ahnung, verlassene Kinder, Krabbe nebenan, seine neue Liebe. Er kann nicht auf acht Beinen tanzen.
Ich würde ihn „Der Eine, der seine Nummer verloren hat" nennen !
Hitler tot, am 30. Mai 1945 ! Sein nazistischer Lebenswandel vorbei, so haben es Feiglinge getan !

Eine blaue Vogelspinne!
Die Sympathie der Spinne, der Langstreckenläuferin ! Für mich sind es seine vielen Versuche im Leben, und stetig in Bewegung sein. Macht einen Schritt und noch einen Schritt, niemals zunehmen oder abnehmen, dran bleiben, weiter und weiter zu machen. Niemals jemanden stoßen oder verletzen. Sehr vorsichtige weiche Kreaturen ! Ich würde gerne Vogelspinnen sehen so groß wie Häuser, so langsam wie eine Blume im Wind, die sanft Böden wie Erde Berührende. Keine Straße mehr, kein Zement mehr. Wir fragten uns und gingen zwischen ihren Beinen, und würden uns für ihren Schutz bedanken.

Die Spinne. Sie ist wie eine Mutter. Nicht viele Worte. Aber fürsorglich mit allen Armen. Ich lebte ohne Schutz. Diejenigen, die das taten, kamen in Träumen. Echte Menschen, die aber nur in Traumserien helfen. In Wirklichkeit haben sie es nie getan. Wie der große blaue Planet Erde, von dem ich geträumt habe, um zu sehen, dass ich ein Kind der Erde bin, mit dem Wunsch, einmal meinen Platz zu finden. Die blaue Spinne ist also ein riesiges Universum. Das Blau des Planeten. Die mütterlichen Arme. Die Garantie, die für alle Waisenkinder besteht.

War einer aus der Schule ein Raum nebenan der aus der Jungenklasse kaum Mädels, der mit den alten Lehrern als kaum intelligenter Dorfdepp der mich einlud zu nem Bier, Eltern in Urlaub wie er sagte seine DNA vor Ort auf Lauer, sein Hund wachsam,sein Messer an der Kehle seiner Eltern Bett, und vergewaltigte mich mit siebzehn, kaum für voll genommen, keiner schenkte mir Gehör, KEINER !

WIEVIEL DISKRIMINIERUNG braucht ein MENSCHEN RECHTS VERSTOSS ?

Ganz von vorne gesagt ! Wenn der Bischof ungestraft sagt
"Wachset und mehret Euch !" im Anblick der missbrauchten Ministranten.
Wenn im Gegensatz zu seiner Keuschheit, das glatte Gegenteil veranstaltet wird, also ein geheimer Svinger Club, nicht mit Erwachsenen, aber Kindern, die erst gar nicht gefragt werden, was sie davon halten, stellt sich die komische Frage, die sich auch eine Mutter stellt, deren Kind mal ganz uneigennützig geheim "entwendet" wurde, "enteignet", kurz "geliehen", die wie ein zum Sex benutztes Kind sagen würde :
"Es ist zwar ganz schön für Sex und Vermehrung von Glauben was in der Gruppe zu machen, aber es macht keinen Spaß, immer ganz vorne zu sein !" In der Kirche sind kurze Hosen nicht gewollt. In derselben sind Waffen unerwünscht. Was aber, wenn dieselben Priester Hot Pants drunter anhaben, und die Waffe ihre Schwänze ? Ist eine Frau aber mit Mutterbrüsten, mit ruhigem Gang nach der Entbindung, die Milchbar lüftend auch öffentlich, eine Frau, deren Waffen einer Frau alles versaut ?

Es ist eine Tatsache, dass wirklich Kranke wie dieses Mädchen wohnhaft über mir andere Auslöser brauchten, wie normale Menschen es tun, es sind nicht die gesprochenen Worte, die ihr Verhalten ändern.

Wir Menschen sind auch auf
eine andere Weise miteinander verbunden,
nämlich durch das Gefühl
oder die Schwingungen
oder die Tendenz
oder die Spannung.
Ja, mein Hund ist in mir,
um mich herum
und wird sicherlich nervös,
wenn etwas unseren beider Frieden stört.

WER IST HIER DIE EIGENTLICHE SAU ?

Ich stelle mich meinem Leben den Menschen geistig gegenüber, die mir weitläufig gesehen eine Lehre waren. Wir können das mit der Natur, mit Freunden, die echt sind, und mit unserem künstlerischen Können ruhig feiern, dass wir Überlebende dieser Zeit sind ! Seien wir stolz darauf, dass wir auch zu heilen verstehen, in Besonderen uns selbst. Ich kenne meinen Namens Ursprung, was anderen fehlt, wie ich es seit langem mitansehe ! So ich hör auf jetzt, dass jeder genauso wie alle anderen überlebt, wer mir ein lieber Freund.

Ich weiß, in Erinnerung an meine Jugend, es war eine wunderbare Zeit des erst erlebten Sex, weil der Sex mein Leben so drastisch veränderte, und ich damit mit all meinen eigenständigen Entscheidungen immer den richtigen Weg gegangen war. Ich kam gerade kürzlich von einer Unterhaltung mit einem netten beruflich aufstrebenden, russischen Neurologen. Wir sprachen über die russische Sprache, und das Plattdeutsch aus der hiesigen Gegend Ich sprach darüber, dass ich gerade in diesem Frühjahr eine Lesung veranstalte, und übersetzte ihm aus Dank für unser Gespräch den ganzen Vortrag aus der Lesung für ihn in russische Sprache, plus zwei Bücher mit Widmung zum Abschied. Ich habe höflich auf den Respekt bestanden, mich aufgrund einer 45 Jahre zurück liegenden Vergewaltigung nicht zu stigmatisieren und mit alten Diagnosen zu kompromittieren, und ihm erklärt warum, um ihn dabei zu unterstützen an seiner jugendlichen Haltung verbesserungswürdig zu arbeiten. Ich habe den Beruf des Masseurs gelernt, den des Altenpflegehelfers, ich pädagogisch auch mit Behinderten gearbeitet, dass man mir die Kompetenz beimessen darf, auch mein Kind allein erzogen zu haben, und dass es ihm an nichts mangelte, was meine Verantwortung betrifft. Ich habe auch künstlerisch gearbeitet und mehrfach Bilder – Portrait Sammlungen veröffentlicht. Zu den inzwischen 116 veröffentlichten Büchern von mir zählen auch viele Themen, die Gesundheit betreffend, Internetkriminalität und Emanzipation.

130

100 % ich bestehe darauf, kein Pflicht Praktikum abgeleistet zu haben !
200% ich versichere, zuvor hätt ich mich unter die Erde gelacht !
300% ich lass wohl ahnen, niemals einer Mittelschicht anzugehören !
400% darauf ergründet,
Masseurin, Altenpflegehelferin, Sekretärin-Assistentin,
Erzieherin in Alleinerziehung, Pferdewirt-Aushilfe, sportlich,
Erntehelferin, Putzhilfe, Köchin, Betreuerin in Sachen Behinderte,
Schriftstellerin, Kunstmalerin und all das gewesen zu sein !
Aber man mochte mich nie ! War überqualifiziert und weitaus zu nett !
Judo, Yoga und Karate haben mich zu lachen gebracht !

Ich habe in einigen Fällen über Amerika nachgedacht. Es gibt 350 Millionen
Menschen im Land der Freien und Wilden, vielleicht 40 Millionen Kinder
und etwa 100 Millionen Alte und etwa 70 Millionen Single-Haushalte, dann
gibt es noch etwa 50 Millionen Kranke und Süchtige und nur etwa 50
Millionen Verheiratete oder weniger. Denken Sie dann darüber nach, dass in
Amerika nur noch reiche Familien studieren, die Geld für das
Studentenleben haben, keine Indianer mehr, keine Armen mit Stipendien
mehr und keine Dunkelhäutigen mehr, die von nun an kein freies Studium
mehr aufnehmen werden, also sind die Massen aller Arbeiter und
Verheirateten und Familienangehörigen dumme und ungebildete Leute ohne
Interesse an Politik oder den wahren Nachrichten. Diese Leute sind die
typischen Amerikaner, die zu glauben scheinen, dass die USA eine runde
Platte sei und alle anderen leicht zu töten, zu missbrauchen, dort Kriege zu
führen und zu betrügen sind, weil sie nicht das auserwählte Volk der USA
wären. Sie lassen alle anderen Länder für ihren eigenen Profit bluten und
sind Freunde, solange sie gut genug sind, und lassen ihre Freunde nach einer
Weile fallen wie die sogenannte deutsche Kartoffel. Dann denken Sie an die
Gewalt. Die meisten Studien über einen Amerikaner finden sich in
Pornofilmen, grausamen Kriegsspielen und Waffen. Dann zeigen die
Entwicklungen der Wissenschaft, dass sich der Körperindex der Amerikaner
zu einer krankhaften Physik verändert und dass sie gleichzeitig kleinere
Gehirne bekommen. Dann denken Sie weiter. Diese kränkeren, dummen
Massen ohne jedes intellektuelle Interesse, aber mit viel Gewalt im Kopf,

haben vielleicht früher nicht nur einen unschuldigen Menschen für nur 20 Dollar in der Tasche getötet, sondern sie könnten jetzt einen Menschen nur für den Gedanken in seinem Kopf töten! Dies ist der erste Schritt zu einem neuen Bürgerkrieg und erschreckend.

Jo und ich haben heute darüber nachgedacht, ob es eine gute Idee wäre, ein Buch in englischer Übersetzung herauszubringen, nicht das ganze Buch auf Deutsch, sondern die Essenz auf Englisch, aber ich weiß nicht, ob es da draußen jemanden gibt, der mütterliches Englisch denkt und spricht und sich die Zeit nehmen würde, es zu lesen? Ich habe gerade das Cover gemacht – in der deutschen Ausgabe, die morgen erscheint, beschreibt ein Großteil davon in allen Einzelheiten die Menschen, die ich getroffen und kennengelernt habe, Männer und solche, die ich wirklich kenne, Frauen, die in vielen Fällen unter Männern gelitten haben, Frauen mit ihren Fehlern ebenfalls, es ist fast eine Beschreibung der gesamten Menschheit von heute und ihrer Verwandlung in solche unmenschlichen Kreaturen. Schweden, Schottland, Kanada und Norwegen sind meine lebenslangen Echos, die ich bekomme, man sieht die Menschen aus Afrika irgendwo da draußen oder aus Australien, Japan oder sonst wo, diese Menschen spontanen Respekt, Akzeptanz und Freundlichkeit teilen. Aus Amerika kommen nicht so viele. Sie lieben es, sich alle in Geister zu verwandeln, träumen von einem GROßEN, GROßEN und GUTEN ALTEN Joint!
„Dann flogen Vögel wie sprühend auf, ich folgte ihnen mit den Blicken, sah, wie sie in einem Atemzug stiegen, bis ich nicht mehr glaubte, dass sie stiegen, sondern, dass ich falle ...“ - Franz Kafka -

Freunde, ich lerne zu vergeben, nicht in Depressionen zu verfallen. Ich habe genug mentale Kraft, um dabei nicht zu versagen. Ich falle nicht. Ein solches Ereignis in meinem Leben hat mich nicht von meiner lebenslangen demokratischen Ebene abgebracht, und ich bestehe auf allen Respekt gegenüber Frauen ! Vergewaltiger, Säufer, Dealer, Möchtegern, unseriös, der uns Frauen geheiratet hat, um sie schwanger oder sonst wo im Staub zurückzulassen. Diese Typen werden von Frauen nicht gewählt !
IN ALLEN PUNKTEN SCHULDIG !

Wer an Wehrlosigkeit dort zu Grunde geht, ...
ich wette dies Kind ist eins wie heute VIELE,
denen man den Schutz verwehrt, erzieherische Verantwortung verweigert,
dem auch nie die Solidarität vom Mutterland ausgeht,
das in die Mitte abgestellt ward, man ihm notwendige Hilfeleistung versagte
der Welt aufzuzeigen und dazu missbraucht,
dass ein Kind in der Welt der Weißen nichts taugt.
Das ist letztlich Fahrlässig wie auch der zwanghafte Versuch
einer Welt der Zeugen ihr GOTTLOSIGKEIT einzureden,
SIE HÄTTEN JA EINGREIFEN KÖNNEN.
Wenn ein Kind bereits verpflichtet wird, ein Flüchtender zu werden,
ein Leben lang mit nur der Einen Chance zu leben, eine Welt, aus der er
kommt nicht zu verleugnen, und in einer Welt zu leben, um von ihnen
angenommen zu werden, dieses Kind muss stark werden, stark gemacht,
würde es hier überleben können ! Dieses starke Kind hat die Chance
trotz des Flüchtlingsstatus zu einem König zu werden !

Kurz gesagt - Menschen sind von Natur aus grausam. Wird sich
wahrscheinlich nie ändern. Man könne sich seine Familie und seinen
Nachbarn nicht aussuchen, heißt es. Ja, ein Nachbar versucht es mit der
Kopie meiner Familie, alles in einem, huahh, aber wie eine Affäre, die
irgendwann vorbeigeht, wie kann einer es wagen ?

Das Lesen des neuen Buches deiner Freunde ist verständlich. Es ist manchmal wirklich ein schönes Buch, und die Geschichte ist für meine Sinne und Gedanken leicht zu verfolgen. Es ist wie hier, die Leute, die nicht im Plattdütsch aufgewachsen sind, würden sie nur die Formulierungen lesen und dann verstehen, was gemeint ist. So ist es bei mir mit skandinavischen Sprachen. Heute habe ich mir klar gemacht, wie weit meine Gedanken sind, um eine neue Geschichte als neuste Story wiederzugeben, und ich bin zufrieden, langsam an diesen Punkt zu kommen, die Grundgedanken sind ziemlich klar, also bin ich ausgeglichen, und garantiere, dass es dieses Jahr einmal funktionieren wird. Einen Menschen zu malen, ist genau das, was mein Problem ist, dass ich ihn und sein Gesicht nicht kenne, was auch immer ein lachendes Gesicht ist, ist nicht einfach, aber meine Theorie ist, dass die Botschaft und der Hintergrund des Gemäldes lustig sein müssen. Wenn der Blick darauf dich ein bisschen zum Lachen bringt. So siehst du, du lehrst und ich werde das Unmögliche lernen ! Meine Theorie lautet, hast du von beiden Seiten gelernt, so wie ich auch gelernt habe, von der Seite, von der ich viele Jahre in meinem Leben Sport getrieben habe, ... also bin ich heute völlig aus dem Spiel raus, also Fußball, Alkohol und Aggressivität, und möchte auch nachts nicht mehr in die Stadt gehen, weil diese Idioten ihren Neandertalern folgen, die ihren Kick finden wollen, das hier ist für eine Frau oder auch jeden, der nachts allein in der schwarzen Dunkelheit zur Arbeit oder nach Hause geht gefährlich. Der gerne sieht, wie man von jedem Ort aus, den man betritt, diese beiden Möglichkeiten aufteilt und besser die richtige wählt, ja, aber auch das Gute darin sieht, dass jeder immer das Recht hat zu wählen. Künstler haben sich entschieden, gut im Malen zu werden, und das haben sie dann mit Übung geschafft, und im Schreiben, unter anderem geht das genauso. Ich wollte sagen, dass ich das Leben, die Menschen, die Reaktionen, die Gefahren bereits kenne und dass es lange Wege gibt, Probleme mit solchen Künsten zu lösen, also wahren Sie Distanz. Ja, es könnte der richtige Weg sein, Freundschaft für uns beide zu sehen, und es könnte der beste Weg sein, einfach die individuellen Ideale für jeden zu bewahren und das Beste daraus zu machen, das ist für uns Freaks viel wertvoller und es ist besser, nicht die Liebeskarte auszuprobieren, ich hätte zu große Angst davor, das Vertrauen durch nur einen falschen Satz zu verlieren, und wupps, ich mache mir viel zu viele Gedanken. Ich bin nicht bereit, mich in jemandes Blut zu unterscheiden oder ein Herz für beide zu werden, dann könnte ich nicht mehr atmen. Ja, für uns beide ist das die normale Lebensweise, es ist besser, sich nicht von der üblichen Normalität anstecken zu lassen, um besser in Harmonie und unserer eigenen Normalität zu leben. Was ist normal? Wir sind nicht auf eine Norm festgelegt. Wenn wir beide eine Normalität und ein Gleichgewicht gefunden haben, dann sind wir viel besser damit zurechtzukommen, als uns in Wirklichkeit so zu verhalten, wie es die Norm vorgibt. Was ist real? Mein Lebenssinn ist es nicht, jemandem zu gehören, wie ein Haustier, denke ich vielleicht kritisch, hohoho. Lasst uns hier aufhören, oder wir finden die Theorie heraus, warum niemand mehr jemanden liebt, oder warum Frauen die Männer blockieren, oder warum keine Frau mehr Kinder bekommt. Wir müssen voneinander lernen, aber es ist nicht so riskant wie in einer Partnerschaft, wenn ein einziges Wort den Tod verursacht. Liebe schneidet wie ein Messer und sie tötet, ähm, nein, in Wirklichkeit werden die meisten Todesfälle durch Femizide in einer Beziehung verursacht, wie es die Kirche sagt: „Wir werden verbunden sein, bis der Tod uns scheidet!" Ich bin nicht bereit, ein scharfes Messer zu heiraten.

Schlaf gut und möge Gott dich segnen ! Dies ist eine gute Distanz, die wir nutzen, um unsere Emotionen, Gefühle und Träume abzukühlen und zu beruhigen. Dies mit dir und mir ist mehr, um den anderen zur Ruhe kommen zu lassen, als immer das Gleiche über eine ertrinkende Welt träumen zu müssen, und wir geraten nicht in Panik. Ich weiß, dass du siehst, dass die meisten Filme real sind, dass die meisten Träume Realität sind. Ist das wirklich gut genug, um gute Freunde zu sein?!

DER FRÜHE VOGEL FÄNGT DEN WURM

Opportunität dem Beruf anheim. Eitelkeit wie das Heimweh eine Welle.
Grüßen muss ich nicht. Mundgeruch durch den Joint vertreiben.
Aasgeruch vertrieben und die Nase im Wind.
Verlieben muss ich mich nicht.
Fütterung der Aasgeier und Einschüchterung.
Ausschweigen und Lippenlesen isoliertes Schweigen.
Verzeihen werd ich nicht. Den von vorne auch von hinten beschreiben.
Die von vorne sich selbst nass werden sehen. Norden wie er lebt.
Ich sag nur dem "Hallo", der mir am Morgen ehrlich begegnet.

Weshalb wollen alle immer..
"das beste Stück vom Braten ?"
oder auch
"das Schönste liegt in der Ferne !"
und dann noch
"aber man sei glücklich,
das Schöne sei weit weg !"
das sind alles bloß Floskeln,
die zu Filmtiteln geeignet sind,
aber nicht zum wahren Leben !

Suche nie nach Halluzinationen, folge nicht den Narren,
sie laden zu einer lebenslangen Krankheit ein,
aber lass dich vor der Tür stehen, du findest die Vision in deinem Herzen,
kein Gift, das du zu dir nehmen kannst, was du bekommst, ist ein Albtraum,
was dich gereizt und süchtig zurücklässt, was Gefahr und Leid bringt,
was die Angst wachsen lässt, an dich selbst zu glauben,
was die anderen wie eine Gehirnwäsche reden lässt,
was den einsamen Wolf verlassen zurücklässt,
was mehr Suchen verursacht, und den Weg verliert, langsamer zu werden,
und früher zu altern, und körperlich krank zu werden,
und jegliches Gleichgewicht zu verlieren, um zu heilen !
Die Heilung jeden Menschen, ist ausschließlich in ihm selbst zu finden !

Wenn der Ausreißer der Weg zum Überleben ist, also warum nicht ? Wenn die Tränen des Himmels wiedergefunden werden müssen, musst du den Himmel finden.

Ampel reagiert - oder Ampel regiert ? Zum Fußball etwa eine alte Dame mit gehaltenem Regenschirm begleiten ? oder in Wahrheit nicht mal Sylt mehr betreten, wegen den am Strand lebenden Punks ?
In 500 Tagen möglicherweise Politik, erst mal EM, 24 Tage
dann 6 Wochen parlamentarische Sommerpause, 427 Tage übrig
dann 3 Landtagswahlen, Ergebnisse, Vorwürfe, 30 Tage weniger regieren
im November Wahl in USA - wieder 10 Tage Pause !
15. Dez. - 12. Jan, und Stillstand in Deutschland 28 Tage
bleiben 359 Tage zum Regieren, 70 Sonntage, an welchen sich nichts tut
dazu 10 gesetzliche Feiertage, abzüglich 4 Brückentage
275 Tage bleiben zu Regieren, 7 Monate vor eine Wahl Wahlkampf,
unregiert, also minus 214 Tage, statistische 15 Krankheits – u. Fehltage
abzüglich 35 Tage ergebnisloser Streit in der Regierung,
statistische Regierungstage 11, abzüglich 1 Tag DFB Finale
abzüglich 1 Tag Deutschland im Champions Leage Finale
3 Tage für Jetlag von Sommerzeit auf Winterzeit und zurück
5 Tage warten auf einen kaputten Regierungsflieger
Wird man ehrlich, bleibt der Ampel bis zur Bundestagswahl zu regieren
1 TAG ! Pech, wenn das der 29. Februar ist !

Ich stell fest, da du so als einsamer Wolf umher streifst, das muss sich unbedingt für einen wie dich gar nicht so schlecht anfühlen ! Du bist jetzt ja kein Flüchtling, oder im Wohnwagen mit der ganzen Familie bestückt. Du musst dich einfach der Nase nach lang amüsieren, schnabulieren, dich betrinken. Du siehst sie alle, die anderen sorgen sich umeinander, und du teilst dies mit keinem. Du bist ja wohl kaum anders wahrnehmbar, als einer, der sich nur noch holt, was er will. Für dich gibt es nur den Moment. Nicht der Plan um deinen Morgen. Keiner, der auf dich wartet. Niemand, der dich herbei sehnt. Ein bisschen seltsam ist es schon, da du trotzdem die Nähe zu Menschen suchst. Ein wenig glaubwürdig ist auch, wenn man Leute reden

hört, solch ein Leben verstreicht, und flugs sind die Leute mal eben so
dreißig Jahre obdachlos gewesen, als sei das normal. Dann leb so weiter und
werde froh, wie der Mops im Haferstroh ! Wenn dir bekannte Frauen so
über den Weg laufen, nur in Gedanken, stell ich mir vor, du siehst sie alle so
in der Reihe leicht bekleidet durch den Waldweg tanzen, und du singst vom
Busch hinterher "Fuchs, du hast die Gans gestohlen, Fixe hinterher !" oder
so.... an irgendwen wirst du dich da ja erinnern können !

Ich kenne jemanden, der auf der Straße lebt. Dem hab ich das gesagt -
Ich stell fest, da du so als einsamer Wolf umher streifst,
das muss sich unbedingt für einen wie dich gar nicht so schlecht anfühlen !
Du bist jetzt ja kein Flüchtling, oder im Wohnwagen mit der ganzen Familie
bestückt. Du musst dich einfach der Nase nach lang amüsieren,
schnabulieren, dich betrinken. Du siehst sie alle, die anderen sorgen sich
umeinander, und du teilst dies mit keinem. Du bist ja wohl kaum anders
wahrnehmbar, als einer, der sich nur noch holt, was er will. Für dich gibt es
nur den Moment. Nicht der Plan um deinen Morgen. Keiner, der auf dich
wartet. Niemand, der dich herbei sehnt. Ein bisschen seltsam ist es schon, da
du trotzdem die Nähe zu Menschen suchst. Ein wenig glaubwürdig ist auch,
wenn man Leute reden hört, solch ein Leben verstreicht, und flugs sind die
Leute mal eben so dreißig Jahre obdachlos gewesen, als sei das normal.
Dann leb so weiter und werde froh, wie der Mops im Haferstroh !
Wenn dir bekannte Frauen so über den Weg laufen, nur in Gedanken,
stell ich mir vor, du siehst sie alle so in der Reihe leicht bekleidet durch den
Waldweg tanzen, und du singst vom Busch hinterher
"Fuchs, du hast die Gans gestohlen, Fixe hinterher !" oder so, an irgendwen
wirst du dich da ja erinnern können !
Schlaf gut durch die Vollmondnacht, und lass dich nicht klauen.
Och, nööö, bis heute stellte ich mir keinen Kerl so vor,
als würde da der Schwanz von ihm daher gehüpft kommen,
hinter dem Busch gehalten, erst schwindet da die Lust,
schon seine stinkenden Füß, der lebenslange Furz, der ihn bindet,
der salzige Schweiß der Unlust, und erst gaaanz zuletzt
der Anblick von dem Kerl, und gaar keine Lust.

Denke da nur ein zu heiß gebadet, knallrote Ohren im Handtuch,
dämliches Grinsen, und er würde Zähne putzen,
dann sich mit Namen vorstellen, und mir ein Stück Nussschokolade zeigen,
das ihm zwischen den Zähnen klebt, weil er das von Mama so kennt,
ohne Schoki geht klein Söhnchen nicht ins Bett !

Man kann sagen die Spree fließt rückwärts
wenn die magere Spree von der Havel zurück gedrückt wird
wie früher Menschen eingesperrt waren ob Ost ob West
für deren freie Meinung und Intelligenz
heut noch immer ohne Mauern sind Kinder in den vier Wänden eingesperrt.

Ich bin eine ganze Kindheit lang nackt herumgelaufen.
Dass ich nicht gerne töte.
Ich habe Abstand zu allen gehalten, die mich bestohlen haben.
Dass ich nicht in Trauer ertrinke.
Ich habe mich als wertvolle Person gesehen.
Dass sexuell niemand Besitz von mir hatte.
Ich kenne Emotionen, Gefühle, Hass auf andere.
Das brachte ihn auf eine bessere Lösung.
Ich komme aus dem Wald. Dass ich etwas über gute Gesundheit weiß.

Keiner sonst hätte mir etwas beigebracht, solange es Naturheilkunde gäbe!

Pump up the Jam ! Das Supertraining beginnt im Mutterleib,
Baby trainiert, bewegt sich, wächst, geht durch die Höhle, vorwärts,
rückwärts, kehrt wieder um, kein einziger Staat, immer eine Veränderung
hat nichts damit zu tun wie sich Romantik anfühlt
um später geboren zu werden als starker kleiner Kerl !

Liebe ist keine Show für oberflächliche Pfauen.
Liebe ist kein Fressen für den Mobb für das Grab der Ungeliebten.
Liebe ist flüchtig wie ein Putzmittel für die, die fremdgehen.

Lerne ich Gewaltfreiheit. Liebe ich es allein aufzustehen.
Lehre ist mir Mutter Natur. Bestehe ich auf Selbstschutz.
Befinde ich mich in Gemeinsamkeit. Bereue ich nicht geliebt zu werden.
Habe ich einen schönen Sonntag. Habe ich gewiss Attraktivität.
Habe ich in der Liebe keinen Verlust. Würde ich in Emanzipation gleich.
Würde ich in Abstand Angstfrei genesen. Würde ich keinen Zweifel lassen.
Berate ich niemanden. Bereue ich keine Entscheidung.
Beschütze ich meine Freiheit. Ahne ich meine Ahnen.
Arbeite ich ohne anzuhalten. Am Arsch die Kuh Else, die dies bezweifelt !

Ich muss nicht mit einem Prinzen des morgens glücklich aufwachen, nur
weil ich mich gerne gut unterhalte, dann nur weil es alleine nicht geht eine
gute Unterhaltung in Gang zu bringen. Aber deswegen nur um auf zwei
Beinen mein Bett mit einem Mann zu verlassen, und jeden Morgen nachher
allein wieder im Wald zu stehen, bemerkend wie mich täglich die
schlimmen Erinnerungen heimsuchen, und ich zweifeln muss, dieses Glück
überhaupt zu verdienen, dies den Prinzen in Verzweiflung schickt, und er
mich wie voraus gesehen stehen ließ ? An soviel Selbstzweifel hält keine
Beziehung, und sei sie zu Anfangs noch so gut im Bett. Auch der andere
bringt seine Zweifel, Missverständnisse mit, die Dünnhäutigkeit dann und
wann, die Suche nach der Selbstbestätigung nach altem Muster, Intoleranz,
und Betroffenheit ohne dass der andere davon wüsste.

Lerne ich Gewaltfreiheit.
Liebe ich es allein aufzustehen.
Lehre ist mir Mutter Natur.
Bestehe ich auf Selbstschutz.
Befinde ich mich in Gemeinsamkeit.
Bereue ich nicht geliebt zu werden.
Habe ich einen schönen Sonntag.
Habe ich gewiss Attraktivität.
Habe ich in der Liebe keinen Verlust.
Würde ich in Emanzipation gleich.
Würde ich in Abstand Angstfrei genesen.

Würde ich keinen Zweifel lassen. Berate ich niemanden.
Bereue ich keine Entscheidung. Beschütze ich meine Freiheit.
Ahne ich meine Ahnen. Arbeite ich ohne anzuhalten.
Am Arsch die Kuh Else, die dies bezweifelt !
Ich sah heute inmitten der hohen Wiese sitzend
Libelle, Schmetterling, Reh und auf dem Weg später trieben
verschiedene Adler, einen jungen davon weißköpfig,
die Wiese brummte wie sieben Motorräder laut.

An welchen Antihelden, harmlos ausgedrückt
"macht man sich nicht die Finger schmutzig ?"
diese, welche altern, und vor den Anhängern als "Würdenträger" gefeiert,
ungern zugeben müssen, dass sie gestandene Frauen
und sei es die eigene Tochter dafür dass sie ihn nicht anhimmeln,
wie Dreck behandeln müssen, sie von jedem Studium abhalten,
und ihnen jede Form von Gewalttätigkeit bieten ?

Ich wollte dem Treiben auf dem Jahrmarkt keine Aufmerksamkeit schenken,
den Blick nicht als Drohne über dem Schwachen auf dessen Ängste lenken,
ich habe jahrelang gearbeitet, dass mir die Alten zu Freunden wurden,
es ist schon alles gut, nur nicht eben alle,
die anderen Aufmerksamkeit schenken,
weil sie deren Schweigen verurteilten.
Ich feiere nun mal nur mit AUSERWÄHLTEN !

Davon geschlichen ! Die Familie am Tisch, der Tisch lang und leer,
die Leute altern, gehen, sie sind nimmer mehr,
so oft hatten sie sich abgestoßen an mir, all die Jahre,
sind keine Stärke an Gemeinsinn mehr, weil sie gerade alle gehen,
das was sie an mir hatten, war eine Gitarre, die vergriffen,
war eine Geige, die genommen, war eine Pusteblume, die verwelkt,
und ich noch hatte sie solange gepflegt, aber von so weit weg heute,
sag ich, können sie alle gerne in Pflege sein,
ich wäre sogar der Erbe, der sich von dem Erbe davon geschlichen !

Seltsam, aber so steht es geschrieben !
Es sind oft Lebensretter, die dir wieder das Leben nehmen.
Es sind Verführer, die dich wieder stehen ließen.
Es sind Verehrer, die für ihre Hingabe dich vögeln wollen.
Es sind die Gebrüder ohne Talente, die so ersetzbar wären, wie Turnschuhe.
Es sind gekränkte Liebhaber zur Trennung finanziellen Schmerz erlitten.
Es sind gewaltbereite Supporteure, die für Geld alles zu tun bereit sind.
Aber wer am Ende war der Mörder zumeist ?
Er ist als krankhaft narzisstische Familie erkennbar, dort wähnt sich in den
meisten Fällen der Täter. So geht das in den Familien zu, wird der/die Eine,
mit dem empathischen Etwas, mit dem Aussehen, mit den Fertigkeiten,
mit dem Intellekt,....mal so zum Abschluss hingehalten, gut präpariert und
eiskalt serviert, zum Anrichten, zum Abrichten, zur Bestätigung, was die
Familie sich fürs ausgedacht hat, damit sie letztlich "Recht" gehabt hat !

Es gibt Löcher im Zaun, ich weiß, dass ich nie wieder derselbe sein werde,
obwohl mein Garten zu mir wird und die Traurigkeit einsame Tage gebiert,
die mich nie dauerhaft betrüben, es ist nur für eine Weile, bis meine
Traurigkeit sich verwandelt und mein Löwenzahn wieder in ein lächelndes
Gesicht erstrahlt.

Das klingt schön. Ich denke wie du. Wenn dieses Bewusstsein des eigenen
Todes vielleicht einen Tag anhält, aber du wirst jemandes gute Augen sehen,
er wartet, bis du wieder herausfindest, was der Sonnenschein von innen ist,
er explodiert aus dem Herzen, er schüttelt dein Herz, dann streut die
Lichtenergie in deine Tränen, dann möchtest du vielleicht deine Flügel
wieder ausbreiten, du schauderst, wenn dieser Ausbruch zurückkommt,
und möchtest plötzlich wieder laut lachen, weil das Leben so paradox ist!

Du streichelst meine Unendlichkeit die über das Fleisch hinausgeht
das Feuer meiner Seele, wie dringst du durch mich hindurch ohne
Berührung, nur der Blick in deine Augen, die Hitze in mir, die mir den
Rücken hinunterläuft, Zähne knirschen...mein Fluss wird freigesetzt,
Rinnsaleffekt...spiralförmig, Schweißperlen...zwischen den Falten...

143

Du hast dieselbe Natur wie ich in dir! Das klingt so schön.
Selbstliebe ist es, die auf einen solchen Moment vorbereitet, dass der
Mensch nicht ertrinkt.

Ist da ein Fleck in der Hose, so zum Traualtar ?
Ist es mein Schwein gehabt, gerade dort im Mastbetrieb,
wo mein Fleck auf der Hose herkam ?
Ist es immer weiter zu machen, egal obwohl die Mauer da war ?
Ist es in dem Job nur höchstens fast beliebt, wo man aber beliebt,
sein Bier, sagen sie, wo der Hass obsiegt ?
Ist es alles vergessen, worüber man sauer war ?
Ist vergessen, welcher Musikant in dir, vergessen, was du einst studiert
solange sie dir in den Hintern traten ?
Ist es weg zu hören, wie sie sagen, wie sei man dumm ?
Ist es das Erstauto in knallrot, vom Auto-Mobil-Club-Elektro-Betrieb
das dir und dem Kind fast über die Füße fährt ?

Ohh, je keiner hatte mir im Leben eben ne Wohnung mit 60-80 m² gegeben.
Ohh, je keiner hat mir die Wohnung, die Olle raus, gekauft für mich eben.
Ohh, je keiner konnte den Verdacht bestätigen, ich mit Kind, Katz u. Hund
sei je eine Baby Sitterin gewesen, die betrunken sei am Arbeitsplatz,
oder Kinder in Gefahr gebracht hätte !

Ich muss für viele eine recht große ENTTÄUSCHUNG sein gewesen !
Muster - Wohnungsmangel - wohlhabende Zahlungskräftige Sieger !
Muster - Fachkräftemangel - cholerische Opportunisten in Anstellung !
Muster - Handwerker gesucht - der Vorarbeiter die Deppen befiehlt !
Muster - harte aber faire Künstler gesucht -
Darbietung macht heut der farblose Experte !
Muster - Mitmach Gesellschaft verdummt -
statt mit einem Ohr, mit anderem Ohr mitsingen !

Urlaubs Pic ! Und was ist mit der eigenen Familie?
Ich sag dir was … zieh keine Kinder groß,
auch nicht mit dem größten Traum, landest in der Einbahnstraße von
unbekannten Leuten, die Amerikaner nennen das Gas-lighted,
du hast vielleicht sogar drei Kinder, alle drei werden verdammt hässlich,
dann träumst du von irgendeiner Liebe, einer, die du nie wirklich kanntest,
wie einem Urlaub unter einem Wasserfall,
aber was hast du gesehen … am Ende des Seils?
Du siehst auf jedem Bild mit einem Kind, vor dem Wasserfall sein dicker
Kopf ist größer als die exotische Aussicht, wenn du „Max nix!" ausgelöst
hast und diese Bilder postest, mit einem gelben Emoji auf ihrem Gesicht.

RESPEKT ! Wann habe ich mein erstes Smartphone bekommen?
Mit 58 Jahren - und es ist mir kein Schaden entstanden.
Liebevolle Worte auf meinen Lippen. Von meinem Herzen über mein Leben.
Ich liebe dich. Wie die Aue meines Unendlichen.
Auf meinem Rubinkopf. Ich liebe dich. Vom Körper über Hoffnungen.
Von meinen Wünschen über meine Haut. Von meinem Sitz übers Gesicht.
Ich liebe dich herüber meine Liebe auf deinem Soufflé...
Tipp für den Handel ! Coole Sache !! Gutes Beispiel aus den USA !
Genossenschafts-Supermarkt als Kooperative, für alle
teilweise, freiwillige Mitarbeit für wenige Festangestellte, für Mitglieder
Billiges Einkaufen - Ich fahre ein Auto. Ich parke und fahre.
Ich lege mich hin und genieße den Verkehr. Ich sehe die Ampel.
Ich zeige das Parken einfach. Ich fühle das. Ich kann es sehen.
Ich komme..... okay, meinen Parkplatz habe ich gefunden,
war das letzte mal vor einer Stunde !

Der Lütte mit den Hosen an, nicht groß, doch mit nem Größenwahn,
nen Bauch hat er und kleine Eier, aber zwei Schultern in die Breite,
hat kaum Haar, aber sieh da, nen Knackigen Po am Leib,
so will er trainieren bis er sechzig ward, trägt im Ort seine Blechtrommel
von klein an, doch immer allein, und zum Spielmannszug hat's nie gereicht.

Erst mal Klartext reden..für mich heißt der Begriff
"Hobby Horsing" wohl so viel wie, der Papa steht hinter dir
zu jeder Sekunde wie ein dicker, runder Fluch
du bist umarmt von seiner Kunde,
du rennst als sein Pferd in der Runde
du würdest dem Karussell nie entkommen,
du freust dich nicht über Zirkus,
du bist sein Pferd, sein Hobby,
das Pelztierchen zum tot knuddeln, es gibt niemals Dich,
es gibt nur ihn, der alles für dich tut, und besser weiß, und gut,
sein Hobby "mach mir den Gaul !" doch damit bist nur Du gemeint.
Das ist der PAPA - FLUCH ! Du entkommst ihm nicht.
Ich suche anwaltlichen Schutz.
Ich warte auf finanziellen Wohlstand.
Ich suche Gelassenheit, um fleißig zu kämpfen.
Ich habe mich entschieden, meine Kräfte zu bündeln.
Ich baue meine Sexualität auf.
Ich steigere meine Weisheit.

Ich verstehe. Diese Iren, oder Schotten, oder Cymri, oder Waliser
oder Weltreisenden, ich liebe sie auch ! Sie sind wie Sonnenblumen
mit dem Geschmack von Honig und reizende Wesen mit Blumennamen,
ich sehe sie wie Sonnenkinder, sie geben und senden die Sonne an jeden,
und bekommen die Sonne wieder zurück !
Ich schau mir jetzt einen Film an mit einem intelligenten jungen Mann, mit
Gaumenspalte, aber will mit Intelligenz, Witz und Charme seine Freundin
zur Frau seines Herzen machen. Der Film spielt in alter Zeit, wo einem so
und so nichts geschenkt wurde. Also fast wie heute.
Tanzen - die vertikale Art, seinen Augen Stilaugen zu verpassen,
aufrecht stehend der Leidenschaft, statt im Liegen nachzugeben,
und sexuelle Lust auszuleben, den erwählten Partner zu überzeugen,
es darf nur ihn geben, weil er Papa's Plan gemäß passt,
weil sein Geldbeutel gefüllt, weil es sein Stand möglich macht,
weil so die Konkurrenz ausgeschaltet, sie schlägt ihn nieder mit der Keule,

sie sagt "Schau mir in die Augen, Kleines !"
sie würde dafür auch einfach töten !

Du sitzt gerne, Madame ! Du frisst öffentlich Schokolade,
reißt Tüten Kekse auf, redest von Kuchenfest, demonstrierst kauend,
statt anderen abzugeben das halb rohe Nackensteak,
unterrichtest alle in aller Offenheit.. "Seht her wie leicht das geht, wie sehr
einfach man die anderen danach beurteilt, für etwas, das sie nicht können,
da sie in dein Konzept nicht....hinein gehören !"
Ich hatte man in der Kneipe jung einen schwarzen Hut aufbekommen
und bei dem Anblick von einem Bier da stehend so vor mir.
Ich hatte mich schlapp gelacht. Allein der Gedanke es sitzt da vor einem
auf der Empore eine zuckende Intellektuelle mit Brille,
die gleichsam loslegte, als könne sie tanzen vor der Kamera, ...
ich hätte es nicht besser sagen können,
ich hätt kein' Bock gehabt zu ihr die Treppe rauf zu steigen !

DAS
Lexikon
DES
VERBOTENEN
WISSENS

Tanze, Tanze, lass ihn schlagen Beat, nix was für gemeine Gemüter,
du erstehst auf den Füßen, wie eine Stange Dynamit,
doch wackelt nur der in der Hose, und einst du hattest sie beglückt,
der einsamen Lady heute eine Umarmung genügt,
sie schlugen sich, sie vertrugen sich wieder,
im Baströckchen auf den Brettern, im Ballett, die die Welt bedeuten,
im Konkurrieren, wer würde zuerst gesehen, NIEMAND wollt es wissen !
Land zu verkaufen ist die Tat von Menschen, die nach dem suchen,
was ihre Persönlichkeit ausmacht. Sie wollen zurück in die Höhle,
sie haben ihr Eigenes verloren, also wollen sie alles besitzen,
was dazugehört, und das Geschäft als Symbol für ihre verlorenen Seelen.
Wenn sie in ihre Höhlen ziehen, die sie Mutter Erde gestohlen haben,
sind sie gezwungen, sich ihren Ängsten zu stellen,
und werden darüber wütend.

Ich weiß, dass die Reichen Land stehlen,
wie kleine Kranke, die Hausfrieden stehlen,
beide wollen, dass die anderen fliehen!

Warum also scheint ein Typ heutzutage immer noch dieselben Probleme zu
haben, wegen seines Aussehens? Ich habe einen Film über einen
intelligenten jungen Mann mit einer Gaumenspalte gesehen, der aber seine
Intelligenz, seinen Witz und seinen Charme nutzen will, um seine Freundin
zur Frau seines Herzens zu machen. Der Film spielt in den alten Zeiten, als
einem sowieso nichts geschenkt wurde. Fast wie heute. Der Film zeigte ihn,
wie er auf ganzer Linie gemobbt wurde, und dann wurde es dem feinen,
hübschen, sanften, liebenswerten Engelchen aus reicher Familie zumindest
verboten, einen Mann zu heiraten, den sie liebte, weil er so aussah und nicht
sehr reich. Sie hat einfach jemanden von ihrer Ebene genommen und sich in
einen anderen verliebt, Liebe anscheinend die Hose zum Anziehen.
Da vorne auf der Empore eine zuckende Intellektuelle mit Brille, die
gleichsam loslegte, als könne sie tanzen vor der Kamera, ...ich hätte es
nicht besser sagen können, ich hätt kein' Bock gehabt zu ihr die Treppe rauf
zu steigen ! Seine Füße treten immer ins Leere.

Krabbe nebenan, seine neue Liebe. Er kann nicht auf acht Beinen tanzen.
Ich würde ihn „Der Eine, der seine Nummer verloren hat" nennen !
Hitler tot, am 30. Mai 1945 ! Sein nazistischer Lebenswandel vorbei, so
haben es Feiglinge getan ! Statt im Liegen nachzugeben, Tanze, Frau, Mann,
und die Welt wird sehen, zu welchem Sex du fähig bist !

Da vor einem - auf der Empore eine zuckende Intellektuelle mit Brille, die
gleichsam loslegte, als könne sie tanzen vor der Kamera, ...ich hätte es
nicht besser sagen können, ich hätt kein' Bock gehabt zu ihr die Treppe rauf
zu steigen ! Seine Füße treten immer ins Leere.
Die Straßen bei Nacht. Spärlich Licht aus dem Fenster.
Barrikaden an der Kreuzung. Absperrung um eine Baustelle.
Die Ampel außer Betrieb. Kein Fußgänger.
Jugendliche streifen durch Gassen. Der Wind streift durch Bäume.
Geruch von Müll. Ein Wildschwein streift durch Gebüsch.
Ein Fuchs läuft über den Weg. Ratten huschen entlang der Hausmauern.
Eine kaputte Weinflasche. Der Alkohol aufgeleckt von einem Hund.
Fledermäuse fliegen vom Park herbei. Der Vollmond groß und rund.
Kinder schlafen und träumen vom Wunder.
Wie werden hier Menschen alt ? Tun wir uns im Alter zusammen ?
Teilen wir uns das Haus, was will man mehr ?
Alte Leute kennen die Grenzen. Sie wissen, wohin es mit ihnen geht.
Sie wollen auch sterben, wenn der Punkt kommt.
Sie erkennen es an, wenn die Götter sie zu sich rufen.
"Kooperative" leugnen nichts, sie brauchen nur Helfer
die etwas praktisches Anpacken, ein fachliches Handwerk verstehen
dafür kann einer wohnen, es geht nicht um Sympathie
es geht nicht drum Freundschaft zu beweisen
keiner muss was besonderes darstellen, aber mit ausmisten können
den Teil Beitrag leisten, das Haus am Laufen zu haben !

Stellen Sie sich jemanden vor...alt und aus, der geschiedene Verheiratete, der Unglückliche will nicht jünger werden, der Junge in ihm stirbt, der manipuliert und missbraucht wird, dies versperrt ihm die kleine Wahl zwischen neuer Hoffnung und Untergang, unterdrückt ihn, nachdem Liebe so verdammt tief gefallen ist.

Stellen Sie sich jemanden vor...dessen Lebenssinn vorbei ist, dessen Hoffnung auf eine junge Liebe, dessen Schuld missbrauchtes Gefühl.

Stellen Sie sich jemanden vor...der in der Liebe auf diese Weise versagt hat, ER TÖTET DEN EINEN ! Gott sei Dank war die letzte Nacht wachte ich auf, als hätte ich fast geschlafen und hatte meine gewohnte Ruhe und Kraft zurück. Das fühlt sich nach dem langen Kampf um die Ruhe der Nacht an, als würde ich dann sehr schwer aufwachen und mein Kopf ist voller weicher Wolken. Deshalb laufe ich nicht mehr weg. Es war sowieso genug.

Ein Finanzieller Betrieb braucht es, dass Vertreter
die Nebenbildung vertreten, dass die dummen Leute,
die sonst nicht entschieden hätten eine überflüssige Versicherung zu haben
die im Kleingedruckten die Leute übers Ohr haut
so sagt der Finanzminister, der sich gern selbst bereichert,
auf Kosten der Armen Dummen. ER MUSS ES WISSEN !

Naschkatzen lösen Aggression aus. Nichtsnutze gehen nie beisammen aus.
Fetisch gleicht der Null-Diät von Ethischen.
Ich könnt kotzen, wenn ich von Diätischen hören muss.
Wahl hat immer der, der für persönliche Freiheit steht.
Die Wahl am Leben lassen, heißt nicht aufessen,
was Euch Allen das Fortbestehen garantiert !

EISCréMe Hallali wer löppt dor längs, der Prinz ?
Statt Tanzbein schwingen, um die gute Partie ringen.
Hach, ab ins Hotel, is kaum zu halten, gelle ?
Es ist serviert, und oft die Braut auch abserviert,
kotzt so vor der Treppe ins Atelier. Geht die Kotz Lache weiter,
rinnt bis vor die Pharmazie, drum verpennt die Weiber Allergie !
Einmal ums Eck in die Bar, oder zum Bier in die Kneipe,
bis zum Schwips, der Nächste bitte, Endet Ferkelchen auf dem Kompost.

Meine Vision sagte mir, dass ich nicht auf die aggressive Art und Weise
dieser kranken Frau reagiere! Das tue ich nicht. Ich bin nicht dafür
verantwortlich, ihr eigenes Problem zu lösen. Die Angst verlässt meinen
Körper. Klar, Tränen könnten Freude ausdrücken. Aber Lächeln könnte auch
traurig sein. „Altern ist wie das Besteigen eines Berges; Beim Aufstieg lässt
die Kraft nach, dafür ist der Blick freier, der Blick weiter und gelassener.“
- Ingmar Bergman -

Wir können schließen, die Guten unter Verfolgten, nicht hervor gehoben.
Die Schlechten in der Kirche, die sollten eigentlich vor dem Gesetz
zu laufen beginnen, oder absitzen, sind so international böse zu Kindern,
das einzelne Land nicht Schuld sein könnte. Werden Gute Flüchtlinge tätig,
leisten und halten sich nüchtern, ihre Kinder gut erziehend.
Darf der Priester laut des Amtes, gar nicht gerügt werden,
aber erneut den Gelüsten frönen, und Fortsetzen straffrei bedienen,
für die Prügel und den Missbrauch, den er boshaft Kindern angetan.

Warum wohl ist den meisten die Gegenwart der Alten gemeinhin
eine Erlösung besser zu altern, wie in
S-chweden
S-chweiz
S-panien
S-aarland
S-izilien
da kommt es so vor, dass auch immer genau da Leute gerne leben möchten...

Demokratie ist das Beste, was diesem unserem Land passieren konnte !
Die verkehrten Freunde, Leute sind welche, die man in der Not
nicht um Hilfe fragen kann, weil sie dann keine Freunde.
Unser Mensch, und die Medizin, im weiblichen Glauben befinden die
Frauen sich, getränkt mit Schmerzmitteln, so spüren sie nichts,
alles überschaubar, immer genug davon im Haus, merken sie erst hinterher,
dass die Schmerzfreiheit ihr Wille ist, Tradition, gut berechenbar, die
CHEMIE unter uns Menschen so wundersam und gut, FRAUENRECHTE
klein, aber Schutz vor ihrer Menstruation, leicht unverständlich, dass
Männer keine Hosen haben, Frauen aber brauchen sie nicht, unser Land hat
ein Finanzmanagement mit einem Business Vertreter
nach dem man nur noch nach unten treten kann.

WILLKOMMEN IN DER DEMOKRATIE ! Geschäftsmodell Politik
1. hohes Gehalt - 2. Gelder erschleichen - 3. Nebentätigkeiten
Die Politische Umsetzung geht an den Wünschen der Gesamtbevölkerung
vorbei, und erwähnt ihr Interesse mehr an der Minderzahl der Reichen
Klientel. Die durch Volksabstimmung erwirkten Anliegen, können also
dennoch ignoriert werden, statt in Tat umgesetzt. Arbeitsuchende Frauen,
Schutzlose Kinder, Andersdenkende werden schon allein dafür zu sein,
angegriffen. Für Vertrauen wird kaum gesorgt, wenn oberste Ämter sich
outen, als bestünde ihr Auftritt dem eines Autisten, der Menschen in Not
auslacht oder gar Korruption verschweigt. Während das Gesetz grundlegend
von Gleichheit vor allen spricht, wird doch der Reiche ein weniger gleicher
gesehen, wofür die meisten erfüllten Versprechen tendieren. Doch in der
Rechtsprechung weniger stark vertretende arme Leute, nicht dieselbe Lobby
haben, also für Kleindelikte höher bestraft werden, als Schwerverbrecher
aus der oberen Schicht, die besser Anwälte bekommen. Es gibt rechts wie
links einen Meinungsmobb, der Andersdenkende gerne an den Pranger
stellt, mit Beleidigung und Aufruf zu Gewalt, um so die Freiheit der
Meinung für die eigene Macht zu missbrauchen, und die Freiheit anderer zu
beschneiden.

Min Venskab till Dan

med vänliga hälsningar

från södra Summerland

på våren 2021 från Schleswig fra Heike

• Das beste von mir, habe ich von dir.
• Mutter entsteht aus der Verbindung zum Vater.
• Charakter ist unsichtbar, aber fühlbar.
• Mann sieht was er will.
• Wer mitreden will, braucht Zuhörer.
• Erst was du kennst, kannst du können.
• Bandbreite ist das Maß der Dinge.

Wahrheit ist oft peinlich. Steht der Hahn auf dem Mist,
bleibt's Wetter, wie es ist. - Deutsche Astronautin -

Lernen Sie, über Ihre Probleme zu lachen, dann wird Ihnen nie der Grund
zum Lachen ausgehen. Nicht Hass ist der erste Feind der Liebe. Angst ist es.
Sie zerstört Ihre Fähigkeit zu vertrauen.

Furien sind laut. Sie bezeichnen Männer als Mengenrabatt.
Furien sind verlogen. Sehen anderen besonders Frauen nicht in die Augen.
Furien sind Männer gemacht. Sie gehen danach über Leichen.
Furien kennen nur Schlechtwetter.
Sie stehen immer noch mit beiden Füßen im Misthaufen.
Furien sehen misstrauisch in die Runde, verstehen immer warum es regnet.
Furien gehen allein im Wald. Sie wissen nur nicht warum.
Das ist ihr Verhängnis.

Wer schafft es schon in Not um Rückenstärkung zu bitten,
kannten sie einen doch plötzlich nicht mehr, erst
"Ich verspreche dir, es ist Sonne am Ende des Wegs"
heißt es "Ich unterschreib dir dies aus solidarischem Grund"
am Ende "Ich hoffe nicht, dass die Ampel noch lange Zeit rot leuchtet !"
Na, dann warte ab.

Es ist der einfache Mann. Er hat extrem Luxus angehäuft.
Seine Reiseschätze stehen umher. Seine Augen von der Liebe träumen.
Sein Glaube spricht von Ewigkeit. Der Vorhang trennt von der Wirklichkeit.
Er mag schöne und kluge Frauen. Wie hoch kommt er nur zu Fall.
Deutet das Schicksal drauf hin, er könnte Frauen ermordet haben.
Es ist nicht immer der vom Können überzeugt, alle glauben machen will,
wenn er sie nicht kennen würde, zeigend, dass er etwas "kann".

Ich fragte sie, wann die Elfen aufstehen würden
um die steigende Flut einzudämmen, der Dunkelheit und Bosheit, den
Verlust der herzlichen Resonanz ? Ihre Antwort war lauthals: „Der Schöpfer
weiß, wo und wann Hoffnung zu bringen, Elfen zu senden. Schauen Sie in
Himmel und Gezeiten dieser Spiegel träumt im Inneren".

Mein Vater, der Mond, meine Mutter, die in ihm wohnt.
Ich wurde zu der, die keiner von jenen kennt.
Aber es ist auch gut so !
Was weiß einer, wo du grade unterwegs,
habe mich sehr entspannt, von der in mir wohnenden eigenen Mutter
geträumt, eine schöne blonde Frau. Sie ist immer dieselbe der Gestalt, eine
frühere Nachbarin ich fühlte mich zeitlebens von ihr aus meiner Familie Not
adoptiert, aber sie beschützt mich bis heute noch, warnt mich vor anderen,
erklärt mir anderer Leute Gedanken und Absichten. Sie zeigt mir auch die
familiären Verhältnisse auf, in denen ich aufgewachsen bin, und wie sich
Leute entwickelt haben. Diesmal war sie ausnahmsweise blond, aber
dieselbe Frau, und schützte mich abermals, und mich warnend, wenn es
einen Menschen gäbe, der mir übel zusetzte, dann hätte ich die Pflicht, nicht
auf die gleiche aggressive Weise zurück zu reagieren, solange bleibt unsere
beider Verbindung bestehen ! Ich bin sehr stolz darauf, dass viele Frauen
mir in Träumen begegnen und mich für jedes Verhalten loben, das ich
bewiesen habe.

Ich habe eine Frage:

Ich habe noch nie Partnerschaft mit einem Mann oder einer Frau oder jemandem gelebt. Würde also gerne wissen, was jemand von mir hält? Bin ich vielleicht der Ego-Typ mit dem großen Verlangen nach Geduld, Aufmerksamkeit und Fürsorge? Oder werde ich als transzendentale magische Schwester gesehen, die einem schweigend in die Augen schaut, wenn sie einen Wunsch frei hat? Und wer bin ich nach dem Sex? Könnte der andere dann mehr Interesse daran haben, mich kennenzulernen, wenn diese ersten Akte vorbei sind? Und was ist mit seinen oder meinen Abneigungen, der geringeren Toleranz gegenüber Taten oder Reaktionen? Bin ich nicht ein bisschen zu sehr an all diesen Themen auf der ganzen Welt interessiert? Wenn ich eine offene Frau bin, ist dieser Mann dann von meinen Witzen, Sehnsüchten und meiner Spontaneität irritiert, oder ist das der Grund, mich von Anfang an zu verlassen? Ich glaub ich weiß es. Ich bin der magische ruhigere Typ, vielleicht bekomme ich auch wieder Ruhe und Muße zu malen.

Wer seine Freunde liebt, der reist nicht in die Wüste,
der scheißt nicht andre an, der beschwert sich nicht als Gast,
der erstrebt keine höchsten Ämter, der betrügt kein öffentliches Geld,
der erst alle Frauen auslacht, der auf der Kirche Macht besteht,
der grün hinter den Ohren, der andere beim falschen Namen nennt,
der steht auf Hobby Horsing, der treibt es mit der eigenen Tochter,
der erhebt keinen Respekt für dessen Unwesen,
der erhebt sich nicht zum besonderen Wesen,
der verdient keinen Sonderstatus !

Du hast ne Gute ! Ich habe mittlerweile eine ganze Zahl an Frauen richtig kennengelernt. Darunter versteht sich, dass gerade die lauten, die Fascho-Emanzen nicht viel Geschiss drum machen, weil sie in ihrer stürmischen Art und der Natur zuliebe klar auch schon an den Falschen geraten sind. Das macht die leider nur immer verdrossener. Hatte keiner gut "Kirschen Essen" mit ihnen. Hab mir mal ein paar ruhige Gedanken gemacht.

Frauen, meist vom Rheinland als Fascho-Emanzen verschrien sind. Verkorkstes Elternhaus erlebt. Es gelangen aber immer alle Tatsachen ans Licht. Nicht alle erfahren es, sich den schlappen, wohlhabenden Ja-sager als Prinzen zu ergattern, der derart unterdrückt wird, dass er sich in Depressionen windet, und sich ihr kraftlos entwindet. Ich erkenne, manche erlebten das glatte Gegenteil, und der Mann erteilt ihnen die Lehre ihres Lebens. Es wird eben keinem im Leben alles einfach geschenkt. Mancher hat Menschenkenntnis, erwähnt bei sich, diese Begegnung hätte auch nach Jahren garantiert ein Ablaufdatum, und diese Frau wird wieder am Punkt der Tatsache ankommen, als hätte sie ab dann ihre belegten Brötchen für sich selbst zu schmieren, und ihr Sex hat keinen Pokal fürs Wohnzimmer Regal bedeutet, weil sie sich zu früh gefreut, einen schlauen Mann für einen Dummen zu halten, den sie nicht dressiert. Ab da fallen ihr alle Schuppen von den Augen, und sie erkennt sie hat den absolut falschen Beruf gewählt, weil nicht alle Leute von den Fascho-Emanzen im Sozialen Arbeitsfeld kritiklos alles für Bewundernswert halten, um ihr dann noch zeitlebens den roten Teppich auszurollen. Darüber muss sie dann ab diesem Moment ihrer rasenden Eifersucht wahrnehmen, dass dies ihre Beziehung zerstört und sie sich selbst blenden ließ von ihrer Gier nach Anerkennung, Aufmerksamkeit, Berühmtheit und in der Show mal ganz groß aufzugehen !

Frauen, die dem verkorksten Elternhaus wohl weißlich ins Wohlhabende entfliehen. Haben nur dem Schein nach einen Retter gefunden, aber alles Materielle verstummt, und sie erleben, wie sich die Flucht ins zu Habende, und all die hübsch geborenen Kinder, nur eine Ausrede dafür sind, dass sie zuvor noch nicht bei sich selbst begannen sich zu konfrontieren. Wer also dem Elternhaus in die Ehe entflieht, ist immer irgendwann allein. Entweder indem der zunächst noch unerfahrene Mann sich von ihr entfernte um fremdzugehen, oder auch indem der Frau ihr Karussell bewusst wird, und die lieben Kinderchen sich zu den gleichen oberflächlichen, verwöhnten, eitlen, Herz kalten Wesen entwickeln, vor denen sie einst floh. Sie erlebt, wie wiederum ein ihr ähnliches Nachbarmädchen, dass vor der schlechten Schweinsfamilie viele Jahre lang um Zuflucht bittet, um Schutz, um seelische Gesundheit, Anklang, und ein bisschen Liebe, und einen Raum für nicht beschädigte Kindheit, dass diese Mutter in dem Mädchen sich selbst wieder erkennt, die zeitlebens kurz vor dem Absaufen stand. Und sie adoptiert das Kind und nimmt es zeitlebens unter ihrem Schwur mit unter den Rock, weil emotionaler Schutz bei jemandem aufgehoben zu sein, einfach jedes Kind bedarf, soviel Verantwortung hat sie sich zur stillschweigenden Lebensaufgabe gemacht, wobei ihre eigenen Kinder unfähig waren ihren Luxus zu teilen, sich die Herzen verschlossen, und die Mutter sie alsbald so weit wie möglich weg wünschte, bis sie auch gegangen waren, aus dem Auge und aus dem Sinn !

Vielleicht steckt im negativen Sinne hinter der Trutzburg, die sich eine Fascho-Emanze mit Titten und Charme zu ergattern sucht, mit einem Gatten auf die Insel der Träume geheiratet, ins wohl gemach, dass diese Frau immer sehr schnell die unvorbereitete Einsamkeit einholt. Diese Lebenslüge dort in der Burg gefangen, als Konkurrenz gegen die eigene Tochter projiziert, die der Mutter Kälte allein aufs Festland entflieht, und auf der Flucht blindlings dem ersten besten Psychopathen in die Arme fiel, der ihr vorspielt, wie schön, wie warm, wie stark, wie familiär es mit ihm ist, bis die Maske fällt, und der Penner gar nichts auf die Reihe kriegt sogar einen Rosenkrieg um Besitzanspruch ums Kind beginnt. Damit ist gemeint, ist eine Frau, anspruchsvoll, auf Liebe aus, gern wohlhabend leben will, nicht arbeiten will, dominant ist, ungnädig bei Widerworten, ungeduldig, zu früh geschwängert, sich über ihre Emotionen nicht im Klaren, hat sich nicht im Griff, und beklagt ein schlechtes Elternhaus gehabt zu haben, was der arme Mann und die Kinder zeitlebens darum an ihr gut machen müssen.
Sie schickt auf Mann und Kind ihre ganze Ladung Beschwernis und unverarbeitete Kindheit, um sich damit selbst zu befreien, und diese Negation abzuwälzen, um in das Leben anderer weiterzugeben. Diese Frau schützt nie die eigenen Kinder, sondern denkt nur an sich, will sich feiern lassen, als ewig zu respektieren das Muttertier. Tochter flieht, arbeitet hart erlangt kein Gewicht. Mutter auf der Insel bleibt, wohlbeleibt, als gnädiger Mensch. Frau, die psychopathische Züge zeigt und sich für unersetzlich hält. Drum spricht die Tochter erst einen Mann an, der dieselben Lügen offenbart und mit ihr spielt, die Trennung folgt, um wieder ein Monster abzuschütteln.

Darum sagte ich mir im Leben immer, ich werde mir erst wohl gemacht auch wenn es lange Zeit bedarf meiner Selbst und der wahren inneren Stimme bewusst, die mir die echte Mutter zeigt, die es gut mit mir meint. Daraus entsteht erst die Einsicht über die gelebten Emotionen, daraus verflüchtigt sich jede körperlich abgelagerte Angst, die den Menschen verlässt wie ein Dämon, gegen den man lange kämpft. Jeder Mensch hat dies mit sich im Leben einmal zu durchleben. Damit schaffte ich mir meinen Anspruch, einen Partner erst vors Auge zu halten und mich gleichfalls charakterlich wahrzunehmen. Das ist Gesundung in jeder Beziehung ! Stoff für ganze Epen ! Und es nimmt jeder Dramatik im Leben die Schärfe zu nehmen. Lieben Gruß, Heike

Die Gutmenschen mit der richtigen Sprache
lehren Grundschüler Verhalten schwören auf gewaltfreie Sprache
fleischlose Erziehung, Ehrfurcht vor der "Würze"
Höflichkeit' s Fassade, ehelicher Sex, nebenbei Casanova distanziert
alle schöne Tiere in der Korrektheit' s Falle !

Tradition verdrängt Religion+Sprache, Kultur verdrängt Tradition
weil einige Traditionen manchmal überbewertet werden können, Kultur aber nicht. Dass Promis am meisten leiden,kann ich mir vorstellen,wie hart sie arbeiten,um die Öffentlichkeit zu beeindrucken. Keiner wirklich Gott zu spielen versteht, wenn keiner die Sprache der Bäume versteht
oder Lichterflackern hinter'm Leuchtturm deuten könnte...!
Offensichtlich bin ich ein Depp, aber vielleicht gibt' s ja die Chance
dass ich nicht ein Riesendepp bin, so wahr ich feststelle
dass ich in einer richtigen Schule deine Sprache erlernte
und die wenigsten mein Leben lebten
bist du in meinen Augen dann ein wirklicher Depp ?

Mein guter Rat - Sich mit der eigenen Sprache auszukennen,
bevor man den Versuch anstellt, sich in die Lebensweise anderer hinein zu versetzen ! Ich bin so vieles Leid. Steh' wie manch einer vor der Abreise ins Ungewisse. Hab' in die Zukunft doch kein Ziel.

Die innerliche Ausrichtung also zur Sprache bringen,
als auch Buchstabieren von Tatsachen sei der Akt der Instrumentalisierung
des Missbrauchs - so der Pädophile in der Kirche !

Die Sprache der Prügel auf sein Pferd. Der Suff spielt um den Innersten.
Das letzte Wort hat immer er. Der Schädel brummt.
Der Wagen brettert durch die Wand. Der Hund im See begraben.
Oder im Kofferraum erstickt. Doch die Liebe in deren Leben,
niemals das Licht der Welt erblickt.
Hamburgern kann man ansehen, dass sie gern Gosse Sprache bedienen,
Dialekt ist unüberhörbar eingefärbt von Macho, Bier, St. Pauli, lass ich
einfach stehen, weil Party Wochenende zum Ausklingen hier, dann
schleunigst zurück müssen, mit den Puppen tanzen bis Herzinfarkt.
So kennt man sie. Gleichheits-Privilegien heute, dumpfe Sprache im
Elternhaus, keine Denkansätze zur Kindheit, auch Denkweisen ungebildet
aber alle wieder gleich..mobben, ja, dürfen sich alle gleich nennen
schon Grundschulhöfe werden Kriegsschauplatz genannt
und es gibt auch Tote !

ICH WAR SCHNELL IM BILDE !
Geh davon aus, dass Ausrottung von Indianern am "Wounded Knee"
vergleichsweise so grausam war, wie die Verbrechen der Nazis,
und geh weiter in der Vermutung jede Seite
ob der amerikanische Westen oder unser europäisches Festland
hat seine Medaille vom Tod des Sitting Bull vom Massaker 1973,
nur dass ich nicht willig war, mit einer Medaillen Trophäe
durch das Land zu ziehen, weil ich die Menschen hier kenne.

Davon hat auch die „Tante aus Amerika" von mir erfahren !

Stimmt, Gesundheit ist das Wichtigste. Wir = für uns selbst verantwortlich.
Der Krieg, in dem wir leben, ist unser eigener Krieg.
Der erste Schritt zur Gesundheit ist, den Krieg zu beenden.
Der zweite Schritt ist, die tödlichen Gedanken aufzugeben.
Der dritte Schritt ist, die Negativität im Leben zu verhindern.
Der vierte Schritt ist, im Leiden geduldig zu sein.
Der fünfte Schritt ist, sich selbst stark zu machen.
Der sechste Schritt ist, über Jahre hinweg zu heilen.
Der siebte Schritt ist, den Kontakt nicht zu verlieren.
Der achte Schritt ist, für Ihr Recht zu kämpfen.
Der neunte Schritt ist, das Gleichgewicht zu halten.
Der zehnte Schritt ist, im System zu leben.
Der elfte Schritt ist, sich bewusst zu sein, wer Sie sind.

Über eigene Vergewaltigungen kann eine Frau zu anfangs erst nicht
sprechen. Sie kann weinen. Sie bekommt Alpträume. Sie muss ihren Körper
erst wieder gewinnen. Sie muss reiß aus nehmen. Sie darf nie wieder zurück
kehren. Sie muss nach langem Vertrauen fassen, und zu erzählen beginnen.
Die ganze Welt muss begreifen, was für ein Schmerz das für Frauen ist.
Oft fängt es im Elternhaus in jeder Form von Gewalt an. Das ist
Missbrauch. Dann wird es ein mieser Mitschüler aus der Schule sein, der
über dich hinweg fällt. Daraufhin versagt die Familie, und erklärt das Opfer
zum Tabu. Dann vertraut die Frau einem Fremden, vielleicht auch
amerikanischen Soldaten, und steigt in dessen Auto.
Dann wird sie irgendwelchen Leuten als Vertraute zu einem gemeinsamen
Abend folgen. Es ist ein Schlachtfeld. Frauen lasst Euch nichts gefallen.
Die Tränen sind nur der Anfang !

JAHRHUNDERT FLUT oder JAHRHUNDERT der FLUTEN ?
Die Friesen kaufen ihre Spielkarten immer fertig gemischt im Gemischt
Waren Himmel. Männer mischen meist so lapidar. Frauen mit ihren feineren
Fingern mischen hochkantig. Die Japaner mischen einhändig und
fotografieren mit der anderen. Zauberer mischen eher so prollig für die
Show. Fingerfertigkeit ist seit jeher überflüssig, es gibt die Zungenfertigkeit.

Wenn man in Deutschland vielleicht unter Partnerschaft etwas versteht,
dass nur den toten Märchenprinzen sieht, aus dessen Gedärm die Frau sich
in Kleinarbeit wieder ihren vermaledeiten Ehering zurück bezieht,
aber als Operation am Manne gesehen. Dann erspare ich mir das Angebot
lieber einen Deutschen heiraten zu müssen. Nein, würde wer fragen, wo
mein Ego angesiedelt. Ich mag meinen Bauch, wozu es einen anderen
braucht ? Ich geh nicht heulend in die Ecke, um meine Muschi zu
verstecken. Es ist nur ein ganz kleines, was ich zwischen schieb, damit ich
glücklich drin verblieb. Die Liebe zu sich selbst nicht mehr auf der Suche,
drum Leute rennt euch nicht davon, weil ihr euch selbst verpasst habt !
Ein Weichei ist der, welcher auf die richtige hofft, die ihn aus dem
Elternstall raus holt, trotzdem unterlegen, knackt, und liegen lässt, Ein
Weichei.... das ihr erst wieder in Erinnerung kommt, wenn sie bereits 40
Jahr später fast am Tor der Welt in einem Bett schläft, das genauso weich ist
wie er, sie träumt, 1x mit dem Mann zu tun zu haben, Ein Weichei.... der
von ihr am linken Fuß getroffen, sich weg gerollt, eine andere schwängert,
dann auf Freistoß hofft, die Alte bleibt allein sitzen, und Weichei zurück zu
Muttern zieht, Ein Weichei.... der dem Gelächter nicht mehr kann umhin
ausweichen, weil er die Lachnummer ist, und für immer bleiben wird !
War zur Vasektomie da, EINMAL und NIE WIEDER !

Beruf Schule - Kein Lernendes System, mehr da, wo der Lehrer zuhause ist.
Wie würde ich im Nachhinein die Beruf Schule allgemein benennen ?
Ort für Überflüssige Vorsorge für ein Überleben mit Arschlöchern im :
Kultur Bunker - Party Bunker - Deppen Bunker
Klima schonen oder sich davor schützen, wie Schöner Leben, Eigenheim,
Yacht, Junggesellen Party, Wohlstands Speck anhäufen !
Darin abhängen und Lebenszeit verleben, dann doch lieber sterben.

Ohne Hoffnung, ohne Trauer hält er seinen Kopf gesenkt.
Müde hockt er auf der Mauer. Müde sitzt er da und denkt:
Wunder werden nicht geschehen. Alles bleibt so, wie es war.
Wer nichts sieht, wird nicht gesehen. Wer nichts sieht, ist unsichtbar.

Schritte kommen, Schritte gehen. Was das wohl für Menschen sind?
Warum bleibt denn niemand stehen? Ich bin blind, und ihr seid blind.
Euer Herz schickt keine Grüße aus der Seele ins Gesicht.
Hörte ich nicht eure Füße, dächte ich, es gibt euch nicht.
Tretet näher! Lasst euch nieder, bis ihr ahnt was Blindheit ist.
Senkt den Kopf, und senkt die Lider, bis ihr, was euch fremd war, wisst.
Und nun geht ! Ihr habt ja Eile ! Tut, als wäre nichts geschehn.
Aber merkt euch diese Zeile:
„Wer nichts sieht, wird nicht gesehen."
- Erich Kästner -

Vor zwei Tagen vorm Zubettgehen traf ich diesen kleinen Gesellen,
das Mauswiesel, gestern unter Bäumen in der Allee, lief ein lustiger kleiner
Igel vor mir lang, verregneter Sommer bringt mir täglich zwei bis drei
Schnecken an die Haustür, auch zweimal bei Mitternacht rannte ein großer
Hase mitten auf der Fahrbahn mir entgegen, bremste ab, rannte denselben
Weg zurück, den er kam, junge Rehe und kleine Rehböcke hüpfen umher,
sie scheuen die Stadt nicht, Enten präsentieren mitten an Kreuzungen die
Kinderschar, ich lieg so da, am Fenster winkt der Adler zur Stadt, auf dem
Dach da so klappert ein Jungreiher mit dem Schnabel, die Wildtaube lässt
sich von mir ansprechen, liebt das Thema Kinder sehr, keiner ist allein !
Jetzt lerne ich erst zu verstehen, dass mir das mit unserer Freundschaft nach
Jahren unheimlich vorkam. Ich dachte, wir haben immer etwas wenig
ausgetauscht oder in Worte gefasst. Dabei hatten wir klar, wie es aussieht,
beide dieselbe Befürchtung ! Wir beide befürchteten immer eine enge echt
Bindung, weil wir darum wissen, dass eine Beziehung selbst noch nach
Jahren in die Brüche geht, wenn nur ein einziger falscher Satz gesprochen
wird. Da muss nur ein Missverständnis aufkommen, und der ganze Zauber
ist dahin. Keine Garantie selbst nach dreißig Jahren, dass ein gesprochenes
Wort alles über den Haufen wirft. Wir sind uns als Freunde glaub ich viel zu
viel wert, als es so aus heiterem Himmel menschlich zu beenden ! Es ist,
wird und war wohl immer die Angst in uns, den anderen nicht zu verletzen !
Leben kann komisch sein. Aber manche Dinge gehen einem eben zeitlebens
viel zu nah. Macht ja nix. Liebe Grüße, Heike !

Die meisten Liebhaber, die man an der Ecke trifft, bräuchten einen besseren Sozialarbeiter, um nicht zu erraten, was vor sich geht, wenn man ehrlich auf das Innere des Herzens hört. Du hast meine absolute Zustimmung ! Es heißt im Leben Nie aufgeben und hoffen. Auch mal die richtig Guten, werden es erleben, dass die Sonne für sie wieder scheint ! Es ist mir gestern auch aufgefallen, dass bei ein paar Wolken, alle jungen Leute, Männer, dieselbe Schirmmütze tragen. Ich meine, das mit den Handys vor der Nase, auch beim Gehen, kennt man ja, aber dasselbe anziehen ?

Ich erinner mich, als ich 15 Jahre danach draußen einer Göre begegne, die von ihrer Erzieherausbildung spricht, und ich ihr sage, dass ich im Nachhinein ein schönes Buch selbst über Sozialarbeit und Erziehung veröffentlichte. Sie sagte prompt und banal: "Ja, sie wüsste es bereits, denn sie kenne mein Buch auch !" Ich dann vor ihr und jemand anderen, der es mit anhört : "Ach, du hast es tatsächlich gelesen ? "Dann sag mir mal, ob es dir gefällt ?" Die Göre antwortet : "JAAAIN !"   Uhhhah

"WAHRE UNSCHULD IN DER LIEBE !"
"TRUE INNOCENCE IN LOVE !"
Partner Coaching... läuft auch so ab,
Coach und Coachin haben keinen Sex mehr seit Jahren,
die Coachin spielt mit dem Mann, den schickt sie zu ner Prostituierten,
weil sie glaubt so ihre Ehe zu retten, das "Liebe machen" wurde so
auf eine andere teure Liebesinsel direkt auf eine outgesourced Muschi
VERLEGT ..... ganz wunderbar, vorüber gehend gut belohnt,
den Spaßeffekt nicht minder, morgens stehen sie alle mit der auf,
und abends gehen sie wieder, stehen sie bei ihr nicht minder,
und nachts dann geht er wieder mit der Coachin ins Bett daheim,
und alle miteinander gehen schlafen. Wenn Menschen nicht mehr
miteinander reden. Die Schamgefühle ihre Offenheit überwiegen.
Das "Machen der Liebe" im alter peinlich wurde.
Dann fallen selbst Coach und Coachin drauf rein,
und das Chaos beider Idealisten gerät ins Wanken.

Eine Schönheit wird welk wie eine Blume, ist Schönheit denn Macht ?
Welkte die Macht wie eine Blume. Welt der Vernissage, therapeutische Elite,
der verwöhnten Kinder und Enkel, Enkelsenkel,
der Auto Schlüssel gehört der Tochter,
die Macht des Geldes hält alles und jeden für lieb,
der geborene Sugar-Daddy, die Selfies hängen monumental durchs Haus,
die anderen Menschen sind kleine Karikaturen.

Vergewaltigte Frauen.., sie kann noch so zugerichtet sein,
und von Familie fallen gelassen, und ohne alles dastehen,
doch sie kann denken, doch sie wird fliehen,
selbst wenn sie Familie gehabt hätte, und einer Schwester Halt gehabt hätte,
und den Rückhalt von irgend einem, doch dann begänne sie zu denken,
doch dann würde sie fliehen, diesen Mega Schweinen
und würde diese Familie ihr nachstellen, sie zu entmündigen, zu verfolgen,
zu kontrollieren, zu denunzieren, doch dann würde sie denken,
doch würde sie nie mehr zurück kommen !

Ihr Leute von Heute !
Euer Aussehen blendend, wie auf Euer Wort nichts zu geben,
wollt andere belehren, und tragt das Haar nicht offen,
jede Stadt unter euch abgesoffen, euer Glaube auf Toilettenpapier,
keine Ahnung was ihr unter "oben" versteht,
wo ihr nichts durch den Nebel seht, sich alles nur um euren Nabel dreht,
selbst eure Gier im Gesicht verewigt, sich als Lebend Narbe offenbart,
und die Jugend Unschuld schnell vergeht.
Es gibt nichts, rein gar nichts, worauf die Öffentlichkeit
in Punkto Mutter's Liebling steht, solange die Verdammte Zeit vergeht.

Wir sehen, es ist ein nasser Sommer dieses Jahr. Wir hatten das Wetter
anscheinend gespürt. An eben diesem Tag, an dem ich meinem Anwalt den
Bericht mit den Unterlagen gab und ein Freund, der Zeuge war. Sie bekam
definitiv ein hartes Wort gesagt, ob sie endlich was gelernt ? Tiefe Ruhe
versinken, dass ich die ganze Woche über zu müde war, wie andere auch.

Vor zwei Tagen gingen wir endlich wieder schwimmen, in dieser Zeit zwischen Wind und Regen, und gestern gingen wir wieder in dieser Zeit zwischen Wind und Regen nach draußen. Wir scheinen die Steine dazwischen zu spüren, und die Natur ist unglaublich dankbar für das Wasser. Zurück zum Buch, wanderte genug zwischen Welten, um zur Bedeutung Vielfalt mich ins rechte Leben zurück zu wenden, verlass die Tränen, und lebe. Spaß halber... Ins schöne grüne Brandenburg ziehen dazu, dass Menschen miteinander in Kontakt treten und schöne bunter Bräuche miteinander ähm zusammenkommen über schöne bunte Felder ähnlich wie die Vielfalt unterschiedlicher Menschen die von woanders kommen auf dem Feld verknüpfend. Sie nährt bedingungslos Moment zu Moment. Ihr zu Ehren, sie zu lieben, in unendlicher Vielfalt hinsichtlich unseres Tempels, dein Körper ist Leben. Du bist Magie. Entschuldige dich nicht immer für das Feuer in dir. Das Zeug der Vielfalt erleben, durchwandern, bestehen oder Stil wahren & warten. Wer nicht mehr bemerkt, dass die Natur der Frau Vielfalt ist und wir alle uns darin ergänzen, diese Vielfalt zu tolerieren, lebt ohne Wurzeln ! In menschlicher Vielfalt bezieht sich die Art und Weise wie ein Mensch lernte auf seiner Lebensreise von anderen Menschen etwas zu lernen ! Prinzessinnen müssen besitzen und alle Idioten um sich konditionieren, was das Zeug hält, um grenzenlose Vielfalt zu vermeiden. Wenn du in einer Art eiferst in Vaterlandsliebe und Hass auf das andere, das du selbst vertrittst, du auf Vielfalt verzichtest, bist du ein Idiot. Seelische Krüppel sehen keine Vielfalt, aber wünschen im anderen zu glänzen, um mit anderen Eindruck zu schinden, im Bedürfnis geliebt zu werden.

Geld stopft zu, Einfluss hat ein absehbares Ende, Macht ist auf der Kippe, Disziplin nur zum horten, Stolz thematisch abgeleitet, entfernt von Wandel und Ressource, Glück bedeutet es kaum. Unser Anspruch Vielfalt, Aktion selbstgewählt, Gerechtfertigte eigene Ansicht auf Leben zu blicken !

Auf der langen Radtour nach Hause nach Frankreich trafen wir ein junges Paar mit dem Fahrrad, mit dem ich fließend Französisch sprach. Dann kam auf dem Weg durch den Wald ein dänischer Herr mit Regenschirm, sehr schüchtern, als würden sie nie ein einziges Wort sprechen, ich sagte ihm, er sollte diese amerikanischen Waldbeeren probieren, sie schmecken köstlich. Dann einige freundliche Jogger und zumindest eine ganze aufgeschlossene Familie mit etwa fünf feuerrot haarigen Kindern, alle so offen, das Paar hatte diese vielen von seiner Schwester adoptiert, sie war nicht in der Lage, für ihre Kinder zu sorgen. Ähh, und wieder sprachen wir über alles über rothaarige Kinder, den Neid anderer, Intelligenz und Neid in der Schule und eine lange Reise durchs Leben als Lehre, wie man kämpft. Sie lernten auch diese Franzosen kennen. Und eine ältere Mutter mit ihrem Enkelkind, sie wunderten sich über ein riesiges privates Grundstück, ich sagte, dort wohne der Polizeichef der Stadt und dass ich sie alle als sehr freundliche Menschen kenne.

Atschüss ! Sei willkommen ! Tschüss gibt es nicht. Satz mit Nix.
War wohl nix. Lass man jucken. Wie kann sich dein perfektes Gehör
in seiner Wiedergabe.... auf ein fremdes Lied einfühlen ?
Saz Evi, ich bau dir ein Dach. Vier Wände drum rum.
Auch einen Raum mit Wänden, und ein Loch im Boden,
da scheiß ich hinein. AU FEIN !

Vater, ein sogenannter "wütender Kränkungs-Vergewaltiger".
Jetzt ist mir alles klar. Der Vogel tickte nicht ganz richtig, nur weil er sich im Klaren war, dass Taten verjähren, häuslicher Missbrauch nicht nachweisbar, oder die Vergewaltigungen für ihn andere erledigten, in deren Arme er mich immer wieder schickte, Gewalt am Kind nicht nachweisbar, alle näheren Verwandten die Schande für ihn verleugneten ! HAHAHAHAHA, jetzt wird mir alles klar. Hatte er als Prügelknabe vor den anderen, ungestraft diesen Kick erlebt. Und ich habe ihn vor anderen bloßgestellt und ausgelacht. Das war wiederum DER Anlass mich tausendfach für die Kränkung zu bestrafen, ich war also schon seit meinem 14. Lebensjahr für meinen Vater eine Drecksfotze, und selbst vergewaltigt für ihn nicht mehr der Rede wert sei. Was dem Scheusal aber in seiner Kindheit oder Jugend kränkendes widerfahren war, davon setzte man mich nicht in Kenntnis, aber definitiv darüber, dass er als junger Mann bereits sadistische Gelüste an Tieren auslebte.

Das kann mir Onkel im Ernst bezeugen, dass mein Vater den Brand Berlins als Genuss empfand von der Dachterrasse betrachtend und Zigarre rauchend. Der tickt nicht ganz richtig.

Mein Anwalt sagte, er sei der Teufel im Detail, ich müsse dringend weit weg, er wolle mich nicht nur für ewig entmündigt wegsperren, dafür hetzte er mir Schnüffler hinterher mit einer Sammelakte Informationen bis an die Decke. Hohohoho, alles klar, dann konnte er mir in der Ferne nur noch das antun, mich schwanger zu denunzieren, und das Kind aus dem Wochenbett zu rauben, und dann mit 14 meinen Jungen mit seinen Lebenslügen über mich und viel Geld zu verderben und abzukaufen, das war ihm damals 10.000 Euro wert. Aber mein Sohn weiß, dass er zukünftig für deren Kontrolle im Gegenzug, kein Geld von bösen Menschen mehr nötig hat ! Andere Freunde, die genau denselben Missbrauch durch ihren Vater erlebt haben, stimmen zu, dass es ihnen genauso ergangen ist. Und dieser Feigling, der mein Vater ist, lebt noch, er ist jetzt 90, und ich habe die ganze Sache mit seinen lebenslangen Tritten bereits verstanden.

HAHAHAHAHA, siehst du, es ist nicht die ganze Familie, es ist nur dieser eine arme alte Feigling. Und jetzt weiß ich, warum mein Lachen mein ganzes Leben lang mein stärkstes Gefühl war! Das Leben ist eine Schlampe, wie die Leute das nennen würden, und das deutsche Sprichwort lautet: „Wer zuletzt lacht, lacht am besten!" HOHOHOHOHO - wenn ich meine eigene Mutter wäre, würde ich mir jetzt die Schulter halten. hahahahha hihihihihihi. Wer zuletzt lacht, lacht am besten. Ich meine, ein Sadist lacht vielleicht einfach vor Vergnügen, wenn er ein wehrloses Kind angreift, aber nur solange bis die Wahrheit ans Licht kommt ! Dann ist das Vergnügen heutzutage auf meiner Seite ! Einmal verbreitet, ist das Lachen ansteckend.

Der Mann liebt es sich für angehobene Oberschicht zu halten, also etwas völlig anderes als seine Affäre. Seine Herkunft ist katholisch, die Frau, mit der er fremdgeht aus einer völlig anderen Welt. Er verbraucht Prostituierte wie ein Auto, das von Zeit zu Zeit neuen Lack bekommt. Hat sie große Brüste exzellent geeignet für wilde Feiern auf dem Dorf.

Es gibt Freier, die würden alles nehmen, aber die Elite will nur Schönheiten kennenlernen, die so schön und stolz aussehen, dass es ihnen ein Kick ist sie wie Dreck zu behandeln. Mann weiß, dass Frauen von weither für Kompromisse bereit wären, ihre Ansprüche anzupassen, wenn sie dafür einen Ehemann bekämen, der sie finanziell versorgt. Bordelle sind für sie wie Freizeiteinrichtungen für kleine Freier, die bei deren Frauen zuhause gern Brause mit den Kindern trinken. Frauen, die sich freiwillig oder anders dazu bereit erklären, zum Verkauf bereit, wie dressierte Katzen, voll Drogen willenlos gemacht, um ihr Wesen, der Persönlichkeit beraubt werden.

Frage, nun wie heeßt denne Der der sie alle mag ? Buddha ?
ick meen bloß, von dem Moment als ick das Vater Unser gebetet hab, beschloss ich nur verdammt eilig Reißaus zu nehmen, mehr hatte datt nicht gebracht. Don't panic. Das ist gut gedacht, ick meen och, von dem Moment als ick mich selbst angefasst hab, hatte ich Erleuchtung genug. Der Himmel für Katzen...... oh doch verständlich, SEHR verständlich, stelle sich einer nur vor, sie hätten aus Glück Alle den gleichen Orgasmus gedacht, nur das Wort, und allen wär es dann mit Donnergewalt zusammen widerfahren ! Krass, ick kann mich in ne Kadse hinein versetzen, das sind alle Atemtechnik Künstler. Gut jetze fühl ich mich nicht mehr so einsam auf der Welt ! Ja, das Wort ist was einen fürchten macht. Ich wünsch Euch ne Gute Nacht!

Lass mich dir Hamburger Platt erklären! Nachdem wir geredet und uns verabschiedet hatten, sagte der Typ statt „Mach's gut!", er dachte an „Hau rein!", dass sein Platt in seinem Kopf funktionierte und er sagte "Mau ! Mau !", weil wir Nordischen immer zweimal "Moin Moin !" sagen, also warum nicht "Mau ! Mau !", es ist wie "UNO !" und wie "Schach Matt !", das ist eine gute Art, zu sagen Tschüss...! für die Erklärung der Formulierung "Mau ! Mau !" sagte bei einem Kinderkartenspiel immer der, der gewonnen hatte, ick verwandel mich jetze in nen Hering schön nackisch, halbiert, ausgenommen freudig, paniert und angebraten inne Pfanne, und warte bis sich mir der Schwanz aufstellt !

Der meist gesprochene Satz
vom vergötterten Bruder,
von Mutter gehassten Sohn,
von der Schwester verhassten Schriftsteller,
von der Partnerin immer aus den Sockel gestellt,
von der Sehnsucht nach Ruhe und Frieden,
von der Trauer um den verstorbenen Sohn,
von der Sorge um die Eltern
ein solcher getriebener trivialer Quatsch
lässt ihn immer wieder nur davon reden,
dass er der ewig Ungeliebte sei,
und die Schwester daran zerbrechen,
als Idealistin, bebend vor Wut und Gutmenschentum,
ihre Schuldgefühle sie zu Weinkrämpfen treibt,
doch endlich beide sich für viel zu wichtig nehmen,
ohne voneinander Notiz zu nehmen.

Wer Geld hat, wird respektiert, aber Ehrlichkeit und Offenheit werden nur von wenigen geschätzt.

Wenn meine Schwester mich um meine Überlebensbereitschaft beneidet, ist sie nicht besser, als mich umzubringen. Wenn mein Bruder mich um meine Fähigkeit beneidet, über Männer zu lachen, waren sie sorglose und graue Brüder.

Es gibt einen großen Unterschied, sehr SEEEHR Groß, weil du hattest nicht all das zeitlebens erlebt wie ich, ich bin laut meines Lebenslaufs leider nicht beziehungsfähig, das tut mir leid, dasselbe sagen auch andere. Wir werden ja auch nicht mehr jünger, leider. Begabten Freunden sag ich, du bist auch Dank deiner fundierten Sprachkenntnisse sicher allein schon weit herum gekommen ! Gerade was ich damit sage, ist ich will mit keinem eine Beziehung anfangen, eigentlich mit gar keinem, und schon gar nicht mit jüngeren Männern. Ich habe keine Freundin oder einen engen Freund, der mich immer alleine sitzen sehen kann, aber ich lebte dies Leben, um allein zu sein, schon um diese Familie, die ich hatte in mir drin zu überleben, und das geht so ganz gut, aber nicht in der bleibenden Nähe zu einem Menschen. Wenn ich Nähe gesucht hätte, dann hätte ich an einer Universität studiert, so studiere ich alles und die Welt in meinem Kopf. Ich bin auch so ein Straßenkind, die binden sich nicht. Es tut mir aber gut, weil jemand mit mir philosophieren kann. Was ich damit sagen will, nein, tut mir leid, komm nicht zu mir, du musst dir hier im Lande andre suchen, ich verkrafte keinen Mann in diesem Leben. Du bist ein Löwe, mein Sohn ist wie du, und diese Bekanntschaft würde mich verbrennen wie ein Blatt Papier, wenn du das nicht akzeptierst muss unsere Unterhaltung jetzt hier enden. Meine Tür als Freund ist für dich offen.

Du glaubst es nicht, aber dieser Ort schaffte es, mich selbst zu heilen und mein lieber Hund hat mich beschützt, es gibt keinen falschen Ort auf dieser Welt, es gibt nur dich, der sich nicht deiner selbst erwehrt, ich wurde darin nicht krank, oder kränker, aber ich wurde zum starken Kämpfer. Ich habe eine chamäleonartige Nachbarin. Ganz so trivial wie es klingt, so ist hier meine Wohnungsnachbarin gemeint. Sie unterdrückt mich seit neun Jahren subtil, weil sie sehr krank ist. Man möchte meinen, weil sie mich sprechen hört mit meinem Hund, weil ich laut lachen muss, und als freier Mensch lebe. Ich weiß wie wichtig es ist zu reisen. Aber dazu fehlte mir das Geld. Ich habe mich versucht mit allem gegen diese Person zu erwehren, aber sie nutzt ihr Krankheitsprivileg unantastbar zu gelten.

Wo ich das alles sehr ehrlich äußerte, liegt darin auch der Versuch den Tatsachen ins Auge zu sehen, und da ich kein unbeschrieben oder einfältig, sprachloses leeres Blatt bin, und meine Grenzen kennen gelernt habe, erkenne ich nun auch besser, wo die Grenzen bei anderen Menschen sind, und versuche mit Hilfe meiner Ehrlichkeit niemanden zu verletzen. Klar sein und ehrlich ist das Einzige, was im Leben weiter hilft. Es ist nicht der Fall, nur zu überleben im Ganzen gesehen. Sondern auch, dass ich erkenne, keine Heldin zu sein. Ich bin froh, dass es richtige Freunde gibt. Nur solange wir nicht in einander aufgehen wie zwei Paradiesvögel, können wir uns auch nicht die Köpfe einschlagen oder noch zu hassen anfangen.

Russland wird zusammenbrechen, wenn Trump in Amerika keine Mehrheit erhält. Ja, das wollen wir doch alle auch mal hoffen ! Ich kann es mir auch nicht vorstellen, wie ein demokratisches großes Land wie USA, derart tief menschlich sinken könnte, sich einen Frauenverachtenden Demokratie feindlichen Schwerverbrecher wie ihn auf den goldenen Thron zu setzen, dann würde deren Land in Chaos versinken. Wer in Israel lebt, schläft voller Angst, oh je das arme Israel und allesamt dort und drum herum, all diese schönen Orte, die ich besuchte, weg. Es war mir schon in der Schulzeit wichtiger, mir ein eigenes Bild von der Geschichte zu machen, und jeden Fall einmal nach Israel zu reisen, und mich zu konfrontieren, dann brach ich auch die Schule ab, und wupps war ich ein halbes Jahr später auch dort. Der Schulabbruch war Auslöser, ich wurde brutal von der Familie verstoßen. Das auf dem Lebensweg zu wissen, dazu muss ich kein Jude sein.

Kampf ist die Einladung der Natur,
Wer annimmt, kommt voran.

Fighting is nature's invitation,
Whoever accepts will make progress.

Die Welt hat sich verändert. Die Menschen fangen an, wie Maschinen zu denken. Wir trinken Wasser, das schlecht schmeckt. Israel.
Ja, auf alle Fälle war das ein schönes Land. Erst sah ich den Strand. Manchmal sieht man schöne Blumen an einem schlechten Ort wachsen. Wir fragen uns, wie ? nachher nie wieder den Humor zu verlieren, ich sage nur, wo es genug Wasser gibt, kann jede Blume es schaffen, und die Frau kann überall erblühen !

Blumen wachsen selbst in Frankreich, wo mindestens 100 Atomkraftwerke strahlen. Gehässige Leute hat es überall, ach, ich weiß nicht, Afrika ist mehr ein Land des Business. Nur in Europa ist das so im Denken versunken, dass die sich hier versteckt lustig machen und dennoch von der Klugheit anderer die Nutznießer bleiben.

Wir bleiben ein Mysterium in diesem Leben.
Wir sind diejenigen, deren Gesichtszüge nichts als Ruhe zeigen.
Wir sind diejenigen, die sich an niemanden wenden, wenn wir traurig sind.
Wir heilen uns selbst, egal wie schmerzhaft wir sind.

Wir sind diejenigen, die sich der Bitterkeit der Tage nicht ergeben, wir akzeptieren alles, was geschieht, stillschweigend und setzen dann unseren Weg in Frieden fort. Und Frieden für unsere Seelen, wenn der Frieden in unserem Leben fehlt.

People who love money are bad.

Deshalb suche ich bereits seit zwanzig Jahren keinen männlichen deutschen Arzt mehr auf. Sie belügen alle. Ich benenne solche in Zukunft sowieso nur noch nach deren Vornamen. und mir erläuterte gerade eine kranke Frau, mit Missbrauch im Elternhaus, ganz ehrlich, ihr Arzt hätte sie damit beunruhigt, in dem er ihr sagte, dass ihr "Kleinhirn schrumpfte", was ein infamer kompetenzloser Dreck ! Ich sagte ihr, dass ich nicht ganz von solch einer "Krankheit" überzeugt sei. Es ist schon so, dass grausame Menschen tatsächlich sehr schlimmes verrichten, aber jeder im Rahmen des Möglichen, weil nicht alles erlaubt wird, um die Sache nicht langweilig werden zu lassen ! Finden Sie heraus, wohin die Geisterbahn fährt. Damit haben weise Menschen, die es beobachten tatsächlich Recht, es ist die arme Bevölkerung derer, denen man nicht medizinisch hilft aber sie derart lächerlich dastehen lässt. Die Mädchen heute so zeigt die körperliche Entwicklung werden alle schon mit 10 sexualisiert, nachbarschaftlich vorgeführt, sozusagen gemeinsam verführt, dann mit 15 vor den Augen der Welt zum Schauspiel des Wetterleuchten am schwarzen Himmel zu Mitternacht betrunken gemacht, dass sie wie ein Sack ins Bett hinter ihre Kemenate fällt, und sieht aus schon bereits als Lachobjekt mit 17 wie ein dick gemästetes Huhn, und fühlt sich stolz damit. Armes Deutschland ! Doch sie merken es nicht. Ich bin meinen Weg gegangen, und weiß es deshalb.

Nein, ich habe es nur so ausgedrückt, dass ich mich weigere, andere Leute mit Bedarf und in seelischer Not retten oder heilen zu müssen. Ich wartete lange genug darauf, dass mal jemand käme, der von mir geheilt werden wollte, aber es kam keiner. Also beschloss ich hiermit, wenn falls einem geholfen wird, dann nur mir selbst. Ich bin nun mal keine studierte Ärztin, aber auch ein Mensch ohne Helferkomplex. Nein, und niemand in diesem langen Leben hatte die Gewalt über meine Entscheidungen ! Ich bin kein Gott, ganz richtig. Es wäre höchstens der Fall, dass ein Mensch sich derart gerne mit Seinesgleichen besäuft, dann sich dabei für Gott hielt, aber als ein Schwein erwacht. Ich hatte mal eine Unterhaltung mit einer russischen Frau, die die Wölfe liebte, sie hatte in Italien dort einen Freund und deren Freunde, als sie eiskalt abserviert wurde und sich beschämt und ausgelacht fühlte, da änderte sich jäh ihre Menschenfreundliche Haltung und ihre ganze Naturphilosophie von gleichen Menschen. Sie verfluchte ganz Italien und wünschte allen ihren Tod, als genau zu diesen Tagen die schwere Epidemie ausbrach, und sehr schnell 50.000 Italiener daran gestorben waren. Ich hatte sofort den Kontakt zu ihr abgebrochen in der Aussage, dass nur für eine zerbrochene Liebe, keiner auch noch das Recht hätte, solche Äußerungen zu fällen, einem ganzen Land den Tod zu wünschen, und sie war blockiert ... soviel zum Thema, Russen und die Liebe. Es ist leider muss ich das sagen, in Punkto Russische Leute bei mir langsam schleichend der Verdacht gekommen, dass ihnen niemand vertrauen sollte, die sich derzeit in eine andre Art Mensch wandeln, mehr den von Tötungsmaschinen, Cyborgs. Sie gestatten nach wie vor, dass man offen zu ihnen spricht, aber mittlerweile spielt in diesen Anblick ein Gedanke von Androhung mit hinein. Wenn Sie die Gelegenheit haben, Ihren Feind zu besiegen, haben Sie kein Mitleid mit ihm. Ganz Russland steht zum Verkauf. Nun, und wenn man solch einem quasi auf direkte Art, die Gewalt, die er empfindet, die ihn groß macht, als gebildeter Elitesohn, ins Gesicht sagt, dass man den Jüngling und Hosenscheißer nun mal nicht für seine Allmachtsfantasien ernst nimmt

Ja, ich denke Frauen von überall her haben die Ressource oder Substanz aus dieser Welt eine schönere zu machen, weil sie umweltpolitisch denken. Nein, ich glaubte nur daran, wie ich es schaffte aus meinem einzigen Sohn ganz allein einen aufrechten Menschen zu machen. Und ich bin in keiner Kirche. Es könnte irgendwann einmal der Tag kommen, da könnte es mehr Frieden geben, dann würden die verschiedenen Religionen die Einsicht gewinnen, es geht nur gemeinsam. Darauf warte ich. Für mich sind kulturelle Stätten interessante Gebäude. Jedoch finde ich, für Kinder oder Menschen, die draußen auf der Straße leben, ist ein Überleben nicht von einem hübschen zurecht gemeißelten 2000 Jahre alten Gemäuer abhängig, als das EINMALEINS zu erlernen, wie es am Besten geht, der Gefahr auszuweichen.

Ich mal mir das mal aus, wie Eule im Schlafrock,
wie Würstchen im Schlafrock, wie Würstchen im Teigmantel, wie Börek,
wie drei Schritt links,
und drei Schritt rechts,
und heiraten, sterben,
... und alles wieder von vorne !

Nenne man Politik heute, fällt einem ein, wie radikal rechts sie sein wollen,
wie römische Spiele, samt Schmierentheater auf der Bühne,
Platzkonzerte und behinderte Spieler, die die Vorgeführten werden,
da wird kein Talent mehr gebraucht, denn wer die Wahrheit leugnet,
gibt auch zu, dass er nichts kann !
Das Mittelalter hat alles selbst für kalte Winter Frauen schuldig benannt zu sein. Das Industrie Zeitalter hat alles an Krankheit, Verschmutzung, Verseuchung, selbst die mögliche Zukunft eigener Kinder für Profit kaputt gehen lassen, samt der Kinder. Das Instagram hat alles für Lächerlichkeit an Darstellung den Dümmsten überlassen bekannt zu werden. Die heutige Zeit plädiert für Zukunft, Greenwashing und fährt Benziner. Ego Höchst Tempo Autobahn, soweit zur allgemeinen politischen Lage, den Epidemien, Armutsbedrohung, kaum die Zeit gegeben ist, Kriege zu beenden, was zur klimatischen Lage zu unternehmen !

Du bist für mich so was wie ein Bruder, den ich mir immer wünschte. Aber auch so ein Nostradamus, der der Welt sagt, was alles an Downern unsere Welt anheim fällt !

Entschuldige, aber als Mister Weltuntergang halte ich dich jetzt nicht ! So war das nicht gemeint, ich hoffe, du kannst mir verzeihen !

Ob ich wissen will, was mit Ihnen oder der Blume passiert? lieber nicht, solche Voraussage ist mir unheimlich.

Würde ich mich selbst mit der Blume vergleichen, hätte ich all das Problem von verregnetem Sommer, kaltem Winter, Wachstumsarme Jahre, Jahre, die keine Früchte tragen, falsche Ernährung, zu viel Dünger, et cetera dann bleibe ich lieber Mensch, denn ich brauche nicht mal den Regenschirm, denn ich liebe das Regenwasser auf meiner Haut, ich wünsche nur dir, meinem Bruder, dass du gut wächst und gedeihst.
Nein, das glaube ich das auch nicht, eine Blume wäre die letzte von allen, die stirbt. Sie ist ein Kind von Mutter Himmel und Erde, die lässt ihre Kinder nicht im Stich. Die Blume hat nie gefragt, wann sie ihre Blüte öffnet, sie weiß einfach, dass sie es tut. Um zu blühen, braucht die Blume keine Früchte, und sie ist dabei so guter Dinge, dass sie sicher geht, ist das Jahr nass, dann scheint im nächsten Jahr die Sonne. Ja, würde die Erde gestorben sein, erleben wir das nicht mehr, doch vorher kann sie sich noch zu einem Feuerball aufblähen, und verlässt uns in einem Riesenschwall Erleuchtender Feuerwerke, und dann erst ist Ruhe, was sind die Menschen nur für ein Insekt, dass darüber bestimmen will, ob die gute alte Erde ihren Frieden findet oder nicht ? sehr viel Sorge heutzutage, aber wer bringt mich in eine Kirche, dort den armen verhungerten Leib am Kreuz anzubeten, als eine bloße Kunstfigur, damit ich mir all sein Leid, wie das aller anderen auf meinen Schultern hinaus trage und damit hoffentlich mit Gnade in den Himmel käme ? Wenn doch nur ein einziger Weg in die Wiese, zum Sumpf oder unter Bäumen mich in nur einer Stunde so glücklich macht, dass ich von allem erleichtert meinen Weg nach hause finde ? Wer nur als junges Mädchen Einmal mit der absoluten Ruhe auf einer Insel verbracht hat.

Ich vergesse diesen absoluten Moment nicht mehr. Erst wunderte ich mich über meine Familie, die immer im Haus blieb, und mich niemals verstand, dass ich immer nur draußen sein musste, dann sah ich aber klar, diese Leute konnten mich als Mensch gar nicht wahrhaben, also waren sie mir in ihrer Verblendung auch egal geworden. Es ist der Mensch ein Wissender erst, der so aufgewachsen, wie die Menschen einst die Erde bewohnten, und genau solche Menschen werden uns immer unsere Lehrer sein, weil sie alles von uns sehen, spüren sie, wenn wir erkennen, forschen, dazu lernen, und loben uns. Sie empfinden das Glück, als würde ihr Herz mit dem Marienkäfer mit ihnen davon fliegen. Sie erleben die Liebe mit all ihrer Faser spontan, intensiv und von Dauer. Ich glaube, die Wissenden sind Frauen. Sie leben in einer afrikanischen Höhle. Sie sind der Rat der Weisen Frauen. Sie kennen das Geheimnis des Fliegens. Wer es spürt, der muss es nicht wollen, denn eines Tages wird auch er fliegen. Ich glaube sogar, zuerst vor der Frau, lernte der Mann fliegen. Denn die Frau ist ja zweigleisig behaftet, genauso fest in der Erde verwurzelt, und sie muss Eins und Eins erst zusammen kriegen. Sie können reisen, ohne Ihren Platz zu verlassen, aber mit Ihrem Verstand, der Verstand ist der Sattel, in der wir Menschen sitzen. Ein einziger Ritt in einem solchen Sattel von einem zum anderen Ende des langen Strandes, und du warst einmal um die ganze Welt, daher hüte ich mich davor, mich zu verlieben. Ich erkenne mein Traumpferd, wie es sein Dasein fristete hinter Gittern, und wollte mit mir los, weil wir es uns versprochen hatten, aber ich saß dann allein am fernen Strand und weinte hinterher, weil ich es nicht als mein Pferd besaß, ich träumte fortan diese Welt nach meinem Pferd abzusuchen, orange vom Fell, Vollblut im Herzen, die Güte im Blick. Ich kann dir diese Frage nicht beantworten,...wer ist eine richtige Frau, wer ist es nicht ? Als ich alle meine Pferde losließ, musste ich weit weg allein anfangen, dann alles an Romangeschichten verfassen, dann erst stoben alle Pferde über mich hinweg, in ihre Freiheit und ich gehörte zu ihnen, darum war dann keine Schwierigkeit für mich auch endlich das Fliegen zu lernen, und es war wieder eine Frau, des nachts inmitten der ungekannten Stadt, die mir die Richtung meines Weges wies. Ich war damit eine Nachtigall am Sternenhimmel, die Städte überflog und entkommen ist. Ich weiß, dass sechzig Jahre allein sein, mir so viel über mich verraten hatte, dass ich weiß, dass ich in diesem einen Menschenleben keine Partnerschaft haben werde. Ich hätte es auch mit siebzehn Jahren nicht gekonnt. Ich würde auch mit 127 Jahren dasselbe sagen.

Gut, dann bin ich ein Schmetterling, der in dem Garten nistet, den der Bauer vernachlässigt hat, weil er dumm ist.

Stellen Sie sich vor, ich würde als Chirurg arbeiten und ein Patient würde unter meinen Händen sterben, ich würde mich aufhängen. Leben und Tod liegen so nah beieinander, aber dramatisch. Ich liebe auch einige Leute hier in der Nachbarschaft. Je empathischer die Leute sind, desto vergeblicher ist es, wenn sie sterben müssen. AHHHHHH, ich möchte niemanden verlieren, die eine Dame aus dem Haus daneben sagte, dass diese Wohnung, in der ich lebe, einmal die ihrer alten Tante war, sie hat 30 Jahre lang im Archiv gearbeitet und sie liebt es, seit sie angefangen hat, mit mir über die Stadt vom Mittelalter bis heute zu sprechen. Ja, das hängt mit meinen Träumen zusammen, die ich ihr immer erzähle, und dann erzählt sie mir den wahren historischen Hintergrund dazu. Ich scheine einen sehr klaren Blick auf vergangene Geschichten zu haben, die wirklich passiert sind. Einige andere ältere Menschen wurden auf einer unserer Inseln geboren. Sie sind liebenswert und fühlen sich sehr verantwortlich für andere Menschen. Aber es ist, wie die Leute sagen, wichtig, die Geschichte und den Traum mit drittens, den echten Menschen, zu verbinden. Auch im Haus meiner Großeltern fand ich Schutz und Gelegenheit, meine Welt zu öffnen und sie im Träumen besser zu verstehen. Ich hatte mir von da aus mit achtzehn Jahren eines Tages ein kleines Kinderklappfahrrad genommen, bin circa 20 km hinaus aus dem Ort in ein Tal geradelt, um einfach mal in einem Dorf Namens „Seelen" bei einem Psychologen zuhause meiner Seele freien Lauf zu lassen, und habe dort vor dem lieben Mann etwa eine Stunde lang geweint, bis es Abend wurde, drum äußerte er sich bereits damals schon, mein Vater sei es, der mich missbraucht hat.